MW01697778

NOTAS PASTORALES

NOTAS PASTORALES

Una guía esencial para el estudio de las escrituras.

Daniel

¡Español!

Nashville, Tennessee

Notas Pastorales, *Daniel*
© Copyright 1999
Broadman & Holman Publishers
Todos los derechos reservados.
Impreso en los Estados Unidos de América
ISBN # 0–8054–9357–3

Versión Reina-Valera, revisión de 1960
Texto bíblico © Copyright 1960,
Sociedades Bíblicas en América Latina.
Publicado por Broadman & Holman Publishers,
Nashville, Tennessee 37234

1 2 3 4 5 03 02 01 00 99

Contenido

PROLOGO

Estimado lector:

Notas Pastorales están diseñadas para proporcionarle, paso a paso, un vistazo panorámico de todos los libros de la Biblia. No pretende sustituir al texto bíblico; más bien, son guías de estudio cuya intención es ayudarle a explorar la sabiduría de las Escrituras en un estudio personal o en grupo y a aplicar con éxito esa sabiduría a su propia vida.

Notas Pastorales le guían a través de los temas principales de cada libro de la Biblia y aclaran detalles fascinantes por medio de comentarios y notas de referencias apropiados. La información de los antecedentes históricos y culturales dan un enfoque especial al contenido bíblico.

A lo largo de la serie se han usado seis diferentes iconos para llamar la atención a la información histórica y cultural, referencias al Antiguo y Nuevo Testamentos, imágenes verbales, resúmenes de unidades y aplicaciones personales para la vida cotidiana.

Ya sea que esté dando usted los primeros pasos en el estudio de la Biblia o que sea un veterano, creo que encontrará en *Notas Pastorales* un recurso que lo llevará a un nuevo nivel en su descubrimiento y aplicación de las riquezas de las Escrituras.

Fraternalmente en Cristo,

David R. Shepherd
Director Editorial

COMO USAR ESTE LIBRO

DISEÑADO PARA EL LECTOR OCUPADO

Notas Pastorales sobre Daniel están diseñadas para proporcionarle una herramienta fácil de usar a fin de poder captar las características importantes de este libro y para lograr una buena comprensión del mensaje de este libro profético. La información que aparece en obras de referencia más difíciles de usar ha sido incorporada en el formato de *Notas Pastorales*. Esto le brinda los beneficios de obras más avanzadas y extensas concentrados en un tomo pequeño.

Notas Pastorales es para laicos, pastores, maestros, líderes y participantes de pequeños grupos, al igual que para el alumno en el salón de clase. Enriquezca su estudio personal o su tiempo de quietud. Acorte el tiempo de preparación para su clase o pequeño grupo al ir captando valiosas percepciones de las verdades de la Palabra de Dios que puede transmitir a sus alumnos o miembros de su grupo.

DISEÑADO PARA SER DE FACIL ACCESO

Las personas con tiempo limitado apreciarán especialmente las ayudas que ahorran tiempo, incorporadas en *Notas Pastorales*. Todas tienen la intención de lograr un encuentro rápido y conciso con el corazón del mensaje de estos libros.

Comentario conciso. Daniel está repleto de personajes, lugares y acontecimientos. Las breves secciones proporcionan "fotos" instantáneas de las narraciones y los argumentos del autor, recalcando puntos importantes y otra información.

Texto bosquejado. Un bosquejo extenso abarca el texto completo de Daniel. Esta es una valiosa ayuda para poder seguir la fluidez de la narración, dando una manera rápida y fácil de localizar algún pasaje en particular.

Notas Pastorales. Son declaraciones resumidas que aparecen al final de cada sección clave de la narración. Aunque sirven en parte como un rápido resumen, también brindan la esencia del mensaje presentado en las secciones que cubren.

Iconos. Varios iconos en el margen recalcan temas recurrentes en Daniel y ayudan en la búsqueda o ubicación de esos temas.

Acotaciones al margen y cuadros. Estas ayudas, seleccionadas especialmente, brindan información adicional de trasfondo a su estudio o preparación. Contienen definiciones tanto como observaciones culturales, históricas y bíblicas.

Mapas. Se encuentran en los lugares apropiados en el libro para ayudarle a comprender y estudiar determinados textos o pasajes.

Preguntas para guiar su estudio. Estas preguntas que motivan a pensar y que sirven para comenzar un diálogo, están diseñadas para estimular la interacción con las verdades y los principios de la Palabra de Dios.

DISEÑADO PARA AYUDARLE A USTED

Estudio personal. Usar *Notas Pastorales* junto con un pasaje bíblico puede arrojar luz sobre su estudio y llevarlo a un nuevo nivel. Tiene a la mano información que le requeriría buscar en varios tomos para encontrarla. Además, se incluyen muchos puntos de aplicación a lo largo del libro, lo que contribuye a su crecimiento personal.

Para enseñar. Los bosquejos enmarcan el texto de Daniel y proporcionan una presentación lógica del mensaje. Los pensamientos "en cápsulas" redactados como *Notas Pastorales* brindan declaraciones resumidas para presentar la esencia de puntos y acontecimientos clave. Los iconos que simbolizan aplicación destacan la aplicación personal del mensaje de Daniel. Los iconos que apuntan al contexto histórico y al contexto cultural indican dónde aparece la información de trasfondo.

Estudio en grupo. Notas Pastorales puede ser un excelente tomo complementario para usar a fin de obtener una comprensión rápida y precisa del mensaje de un libro de la Biblia. Cada miembro del grupo se beneficiará al tener su propio ejemplar. El formato de *Notas* facilita el estudio y la ubicación de los temas a lo largo de Daniel. Los líderes pueden usar sus características flexibles para preparar las sesiones del grupo o para usarla en el desarrollo de las mismas. Las preguntas para guiar su estudio pueden generar el diálogo de los puntos y verdades clave del mensaje de Lucas.

LISTA DE ICONOS QUE SE USAN EN DANIEL

Notas Pastorales. Aparece al final de cada sección, es una declaración "en cápsula" que provee al lector la esencia del mensaje de esa sección.

Referencia al Antiguo Testamento. Se usa cuando el escritor hace referencia a pasajes del Antiguo Testamento que se relacionan con el pasaje o que inciden sobre la comprensión o interpretación del mismo.

Referencia al Nuevo Testamento. Se usa cuando el escritor hace referencia a pasajes del Nuevo Testamento que se relacionan con el pasaje o que inciden sobre la comprensión o interpretación del mismo.

Antecedente histórico. Se usa para indicar una información histórica, cultural, geográfica o biográfica que arroja luz sobre la comprensión o interpretación de un pasaje.

Aplicación personal. Usado cuando el texto brinda una aplicación personal o universal de una verdad.

Imagen verbal. Indica que el significado de una palabra o frase específica es ilustrada a fin de arrojar luz sobre ella.

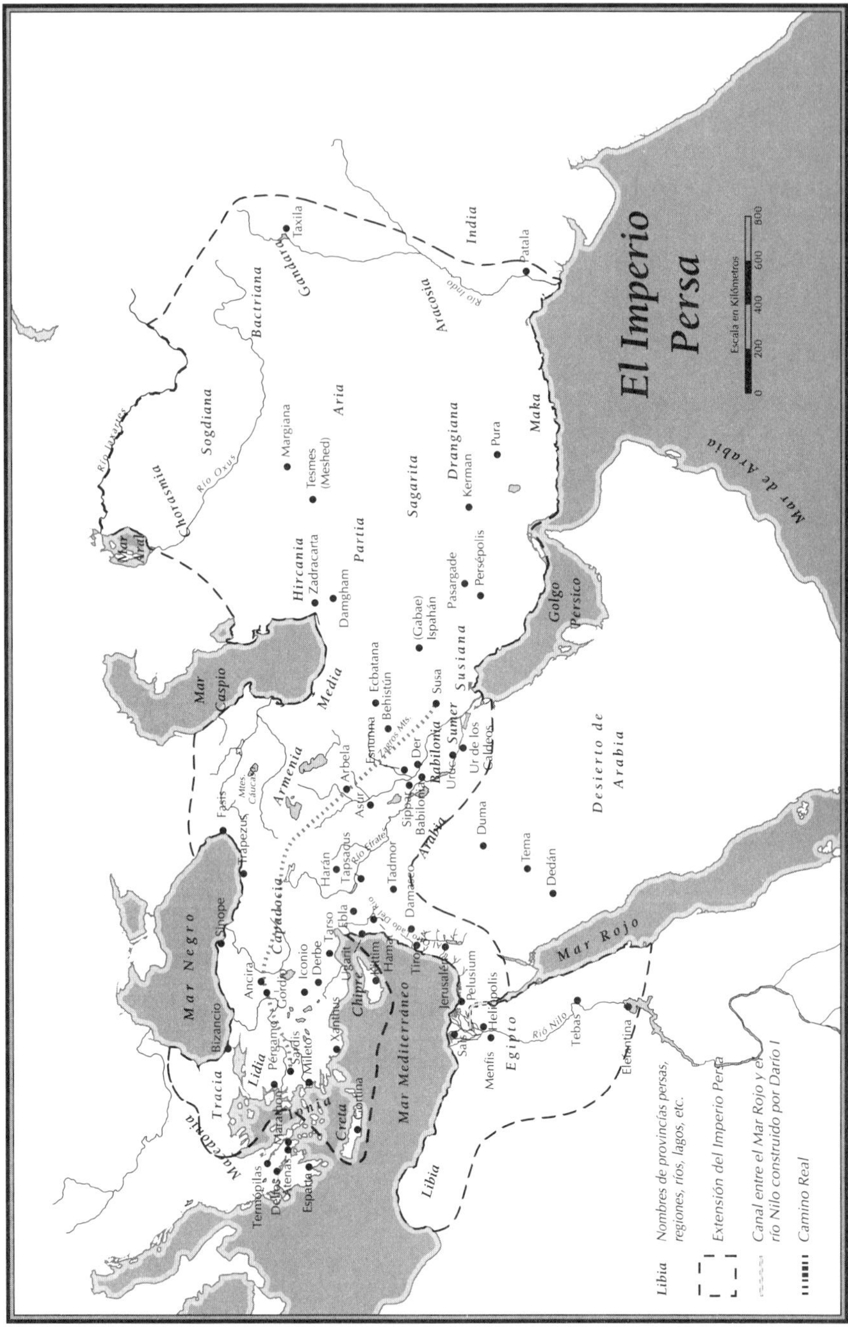

Tomado de Jay A. Thompson, *Chronicles* [Crónicas] vol. 9, New American Commentary [Nuevo Comentario Americano] (Nashville, Tenn.: Broadman & Holman), p. 20.

INTRODUCCION

El libro de Daniel contiene algunos de los relatos más conocidos de la Biblia y, por ese motivo, de toda la literatura. ¿Quién no ha oído de Daniel en el foso de los leones, o del episodio del horno de fuego, y la escritura en la pared?

Nacido hacia el 620 a. de J.C., Daniel vivió en el pequeño país de Judá. En el 605 a. de J.C. el rey Nabucodonosor le llevó cautivo a Babilonia donde vivió durante el resto de su vida. Murió probablemente hacia el 553 a. de J.C.

Según las afirmaciones de la profecía y de las tradiciones cristiana y judía, Daniel escribió la obra que lleva su nombre en el siglo sexto a. de J.C. Pese a que algunos han propuesto una fecha muy posterior para el libro (siglo segundo a. de J.C.) y puesto en duda su historicidad, Jesús mismo (ver Mt. 24:15; 26:64; Mr. 13:14; 14:62; Lc. 22:69) y los escritores del Nuevo Testamento (ver He. 11:33, 34) parecen confirmar el punto de vista tradicional.

Aun cuando Daniel escribió su profecía hace como veinticinco siglos, sus páginas están llenas de verdades intemporales que son tan relevantes para los creyentes de hoy como lo fueron para quienes las leyeron por primera vez.

Seis relatos (caps. 1–6) y cuatro visiones (caps. 7–12) constituyen el contenido de la profecía. En las visiones encontramos un tipo de literatura llamada "apocalíptica" que emplea frecuentemente signos y símbolos para transmitir su mensaje. Apocalipsis significa literalmente "revelación", y el material apocalíptico de Daniel revela conocimientos referentes a Dios y al futuro.

DANIEL 1

I. IDENTIDAD Y CARACTER DE DANIEL (1:1–21)

En el primer capítulo del libro el lector recibe información sobre la identidad de Daniel, sus circunstancias y carácter, y sobre cómo alcanzó su posición de responsabilidad en Babilonia.

1. El contexto histórico (1:1, 2)

Daniel informó que los babilonios habían invadido Judá "en el año tercero del reinado de Joacim" (609–598 a. de J.C. Nabucodonosor atacó Palestina después de la batalla de Carquemis (mayo-junio de 605 a. de J.C.) y llevó cautivos a Daniel y a sus tres amigos en algún momento del verano de ese año.

La cautividad de Judá anticipada

Dios había predicho por medio de sus profetas con mucha anticipación los acontecimientos descritos en este capítulo. Más de cien años antes, Isaías advirtió claramente a Ezequías que la riqueza de Judá y algunos miembros de la familia real serían llevados a Babilonia (ver Is. 39:5–7; comp. Is. 48:20). Jeremías también profetizó que la nación caería ante Babilonia (ver Jer. 20:4; 29:20, 21).

Reyes de Judá que reinaron durante la vida de Daniel

Josías	640–609 a. de J.C.
Joacaz	609 a. de J.C.
Joacim	609–597 a. de J C.
Joaquín	598–597 a. de J.C.
Sedequías	597–586 a. de J C.

Dios "entregó" a Joacim" y al pueblo de Jerusalén en manos de Nabucodonosor a causa de sus pecados (ver 2 Cr. 36:5, 6). Por cientos de años el Señor había advertido a su pueblo que se arrepintiera o se enfrentaría al juicio, pero ellos no habían escuchado a sus siervos los profetas (ver 9:6).

"Señor"

La palabra hebrea traducida "Señor" en 1:2 no es *Yahveh* (representado en otras traducciones por "SEÑOR") sino *Adonai*, "propietario, gobernador, o soberano". La elección por Daniel de este título enfatizaba la soberanía de su Dios, que es el tema dominante del libro.

Los babilonios tomaron con ellos "parte de los utensilios de la casa de Dios", incluyendo las copas y utensilios de plata y oro utilizados en las ceremonias del templo de Jerusalén. Estos objetos fueron arrebatados debido a su valor como tesoro (oro y plata) y como trofeos de guerra. Nabucodonosor los colocó en el templo de Marduc (Bel), el dios principal de Babilonia. Unos sesenta años después Belsasar llevó estas copas a su banquete y las profanó (ver Dn. 5:2–4).

"A la tierra de Sinar", el lugar de la torre de Babel (Gn. 11:1–9), fue utilizado en otros lugares de Antiguo Testamento para referirse a Babilonia (ver Is. 11:11; Zac. 5:11). El nombre se asoció a maldad y rebeldía contra Dios. Los justos podían esperar oposición en Sinar.

"Dios"

En el texto original, Daniel antepone el artículo al nombre "Dios" (v. 2) Este es un recurso deliberado que se emplea en todo el libro. Indica que el Dios de Daniel no era simplemente uno entre los muchos dioses del panteón babilónico; sino que era el Dios, es decir, el único y verdadero Dios.

Incluso en una de las horas más sombrías de Judá, Daniel vio la mano soberana de Dios en acción. La rendición a los ejércitos babilónicos tuvo lugar no porque el Dios de Judá fuera débil, sino que fue permitida como un juicio debido al pecado de la nación. Este pasaje nos asegura que nuestro Dios tiene el control incluso en las peores circunstancias.

Nabucodonosor, rey de Babilonia

Nabucodonosor (605–562 a. de J.C.) fue el más grande gobernante del Imperio Neo-babilónico y uno de los monarcas más competentes de los tiempos antiguos. El llevó a Babilonia al cenit de su poder económico y político. Con su muerte en 562 a. de J. C., la gloria de Babilonia empezó a desvanecerse, y en el transcurso de un período de veintitrés años el imperio se derrumbó. Nabucodonosor tuvo una gran parte en la historia bíblica.

2. *Introducción a Daniel y sus amigos (1:3–7)*

(1) Posición social (1:3)

Nabucodonosor ordenó a Aspenaz, jefe de sus "eunucos", tomar cautivos a algunos de la familia real y de la nobleza de Judá. Daniel y sus amigos pertenecían probablemente a ambas clases. La palabra hebrea traducida "eunucos" podía referirse literalmente a un eunuco (ver Is. 56:3), pero el término se empleaba también en un sentido general para designar a cualquier funcionario (ver Gn. 37:36). Nabucodonosor mantuvo la política de tomar a los intelectuales y artesanos de los territorios conquistados para el servicio en su reino. Al ser miembros de la realeza y de las familias dirigentes de la nación vencida, estos cautivos judíos también impedirían la rebelión contra Babilonia a fin de no resultar perjudicados.

(2) Requisitos (1:4a)

Los reclutados habían de ser de una cierta edad, probablemente alrededor de los catorce basado en la práctica común persa. Nabucodonosor quería muchachos en edad educable para que pudieran y desearan aprender cosas nuevas. Se requería también que Daniel y sus amigos gozaran de buena salud física y tuvieran buena apariencia. La inteligencia era de importancia capital puesto que estos jóvenes actuarían finalmente como consejeros del rey. Lo más probable es que las expresiones: "enseñados en toda sabiduría, sabios en ciencia y de buen entendimiento" son acumulativas y no indican funciones mentales distintas. "Idóneos para estar en el palacio del rey" significa que debían poseer las capacidades sociales para servir en la corte real.

Idioma y literatura de Babilonia

El "idioma" de Babilonia era una forma de acádico conocida como Neo-babilónico. El acádico se escribía con caracteres en forma de cuña, llamado cuneiforme, generalmente grabado en tablillas de barro. Los arqueólogos han descubierto miles de estos textos. Babilonia era el centro cultural de su tiempo y había adquirido una gran biblioteca dejada por el rey asirio Asurbanipal (669–626 a. de J. C.). Su "literatura" era extensa e incluía textos históricos, matemáticos y religiosos.

(3) Posición privilegiada (1:4b, 5)

Daniel y sus amigos recibieron una educación privilegiada, una dieta selecta (de la comida del rey) y la oportunidad de alcanzar una posición privilegiada en la corte del rey. Su período de enseñanza continuó durante "tres años" (similar a la práctica persa) con la intención de preparar a los jóvenes para servir al rey en alguna función.

(4) Nombres (1:6, 7)

Los nombre de los cautivos judíos eran Daniel ("Dios es mi juez"), Ananías ("Dios es clemente"), Misael ("¿Quién como Dios?") y Azarías ("El

Señor ayudará"). Los babilonios asignaron a los jóvenes nombres propios de su nuevo país, una práctica común (ver Gn. 41:45; Est. 2:7). Estos nombres fueron: Daniel=Beltsasar ("¡Protege su vida!", implicando el nombre de un dios, probablemente Marduc); Ananías=Sadrac ("mandato de Aku" el dios luna); Misael=Mesac ("¿Quién como Akú?"); Azarías=Abed-nego ("siervo de Nebo", el segundo dios en rango del panteón babilónico). En cada caso el nombre hebreo contenía una referencia al Dios verdadero, aunque su correspondiente babilónico aludía a una deidad pagana. Algunos han sugerido que este cambio de nombre era un intento de convertir a los hebreos al paganismo. De ser así, el plan no tuvo éxito.

Daniel y sus compañeros de cautiverio eran jóvenes sobresalientes. Habían sido arrancados de sus hogares, llevados a una tierra extraña, recibido nuevos nombres e introducidos a nuevas costumbres y a un nuevo lenguaje. A pesar del trauma que debieron experimentar, Dios tenía una emocionante aventura y un gran propósito para ellos en Babilonia.

3. La prueba moral (1:8–16)

(1) Decisión de Daniel (1:8)

Daniel decidió "no contaminarse" con la comida y el vino del rey al menos por dos razones. Primera, algunas de las comidas que se servían en la corte real (por ejemplo, cerdo y carne de caballo) eran impuras según las leyes judías sobre alimentos (ver Lv. 11:1–47; Dt. 14:3–21). Segunda, una porción de carne y vino era (al menos en ocasiones si no siempre) ofrecida en sacrificio a los dioses babilónicos antes de ser

"Caldeos"

Caldeos (v. 4) es la traducción de una palabra hebrea que en Daniel se refiere algunas veces a un grupo de hombres sabios (2:2, 4, 5, 10; 3:8; 4:7; 5:7, 11) y otras veces es una designación general para las gentes de babilonia (comp. 1:4; 5:30; 9:1).El nombre se derivaba de las tribus semíticas que emigraron a Babilonia desde el desierto de Siria y llegaron a gobernar el país. Dado que los hombres sabios eran líderes clave en Babilonia, eran generalmente nombrados para la clase gobernante, los caldeos étnicos. Así el nombre vino a designar también a los hombres sabios.

servidos en la mesa del rey, y estaban, por lo tanto, asociados a la adoración idólatra. Los primeros cristianos se enfrentaron a un dilema semejante (1 Co. 10:25–28).

La petición de una dieta alternativa por parte de Daniel fue valiente por varias razones. (1) Rechazar la dieta real podía haber sido tomado como un insulto al rey y como un acto directo de desobediencia a las órdenes de Nabucodonosor. Daniel podría haber sido ejecutado. (2) La presión de los compañeros de Daniel es lo más probable que hiciera la decisión difícil. Todos los demás lo hacían. (3) Semejante comportamiento heterodoxo podría comprometer las oportunidades de progreso. (4) La calidad de la comida debía ser atractiva. (5) Su nueva situación puede haberles tentado a ser infieles. Judá estaba a 1.500 kilómetros; padres y amigos nunca sabrían si ellos habían guardado o no las leyes de Dios. No obstante Daniel y sus amigos eran conscientes de que Dios lo sabría. (6) Ellos podrían haber aducido que, puesto que Dios no les había librado de la cautividad, no tenían por qué ser cuidadosos en obedecer sus mandamientos.

Integridad moral de Daniel

La negativa de Daniel a comer la comida del rey estaba basada en sus profundas convicciones religiosas. El quería mantenerse fiel a Dios a pesar de que esta decisión podía costarle cara. Los creyentes de hoy se enfrentan a pruebas morales y deben seguir el ejemplo de Daniel y sus amigos.

(2) Respuesta de Aspenaz (1:9–10)

El Señor hizo que Aspenaz tuviera una actitud favorable hacia Daniel (v. 9), demostrando que el Dios de Israel era capaz incluso de dirigir los corazones de los captores para que cumplieran su soberana voluntad (ver Pr. 21:1). Sin embargo, Aspenaz temía que si no se cuidaba bien a estos jóvenes él podría perder no sólo su cargo ¡sino también la cabeza!

(3) Propuesta de Daniel (1:11–14)

Daniel preguntó a Melsar (un subordinado de Aspenaz) si podían tener una dieta alternativa durante un período de diez días. El guarda podría juzgar entonces su condición física una vez completada la prueba

La palabra hebrea traducida "legumbres" incluiría también fruta, cereales y pan. La dieta de Daniel era similar a muchas de las llamadas dietas de salud hoy en día.

Con esta petición, Daniel no estaba sugiriendo que comer carne era malo (comp. Dn. 10:2, 3), porque una dieta de carne estaba permitida y en algunos casos incluso prescrita por la ley (por ejemplo, en el caso del cordero de la pascua y otros sacrificios).

(4) El resultado (1:15, 16)

Al final de este período, el aspecto de los jóvenes era "mejor y más robusto" que el de los otros jóvenes que comían la rica comida del rey (v. 15). Por ello el supervisor permitió a Daniel y sus amigos continuar con su nueva dieta (v. 16). Los expertos en nutrición de hoy abogan por una dieta de fruta, hortalizas y legumbres para una salud óptima. No es de sorprender, por lo tanto, que Daniel y sus amigos presentaran un aspecto más saludable después de seguir este menú, aun durante sólo diez días.

Oposición esperada

Hoy los creyentes pueden esperar oposición en un mundo injusto, nuestra Babilonia.

- *Daniel y sus amigos adoptaron una postura*
- *valiente del lado de Dios, aunque su decisión*
- *tal vez pudo costarles la vida.*

4. Bendiciones de Dios sobre Daniel y sus amigos (1:17–21)

(1) Dones de Dios (1:17)

Dios otorgó dones a estos jóvenes por su fidelidad. Todas las capacidades y dones vienen en definitiva de Dios que es la fuente de toda bendición (Stg. 1:17). Cada uno de los cuatro jóvenes recibió el don de una capacidad intelectual aguda, pero Daniel tenía un don especial que no tenían los otros. El joven profeta fue dotado milagrosamente con un don altamente apreciado en aquel tiempo, especialmente en Babilonia: La capacidad de "entendimiento en toda visión y sueños". Esta declaración prepara al lector para los sueños y visiones que siguen más tarde en este libro.

Sueños y visiones

Los creyentes se preguntan con frecuencia si Dios habla todavía mediante sueños y visiones dado que éste era un método de revelación durante la era bíblica. La revelación en sueños y visiones parecería innecesaria a la luz de que los registros del Antiguo y del Nuevo Testamentos están completos. No obstante, incluso si se cree que éste sigue siendo un medio válido de revelación, ningún sueño debe aceptarse como de Dios si contradice la revelación dada ya a través de la Biblia.

(2) Favor ante la corte de Babilonia (1:18–20)

Al final del período de tres años de preparación, Nabucodonosor entrevistó a Daniel y sus amigos y resultó mucho más impresionado ("diez veces mejores", v. 20) con ellos que con cualquiera de los otros. Entonces recibieron cargos de liderazgo en la administración de Nabucodonosor.

NOMBRES PARA LOS HOMBRES SABIOS EN EL LIBRO DE DANIEL

Magos	1:20; 2:2, 10, 27; 4:7, 9; 5:11
Encantadores	1:20; 2:2, 10, 27; 4:7; 5:7, 11, 15
Astrólogos (tradicionalmente caldeos)	2:2, 4, 5, 10; 3:8; 4:7;5:7, 11
Adivinos	2:27; 4:7; 5:7, 11
Sabios	2:12, 13, 14, 18, 24, 48; 4:6, 18; 5:7, 8, 15

La palabra traducida "mago" (v. 20) significa literalmente "grabador" o "escritor". Los escribas religiosos registraban y preservaban los materiales utilizados en las actividades religiosas de Babilonia. Los encantadores empleaban conjuros mágicos y encantamientos para tratar de comunicarse con el mundo de los espíritus.

(3) Larga vida para Daniel (1:21)

Daniel fue también bendecido por Dios con una larga vida, probablemente ochenta y cinco o noventa años (aprox. 620–535 a. de J.C.). El profeta no murió durante el primer año del rey Ciro, como el libro deja claro más adelante (ver Dn. 6:1, 2). Aparentemente lo que dicen estos versículos es que Daniel vivió durante todo el período del exilio y continuó en el reinado de Ciro (cuando los judíos fueron liberados de la cautividad), sobreviviendo así a sus señores babilonios.

Magia moderna

Con el surgimiento de ciertos movimientos religiosos, la comunicación a través de mediums (llamados brujos y encantadores en la Biblia) y la investigación de la magia se están haciendo de nuevo populares. Estas actividades están severamente condenadas en la Biblia (ver Ex. 22:18; Lv. 19:26; 1 S. 15:23; 28:3), y los cristianos deben evitar tales prácticas.

Se enseña a los creyentes que quienes son fieles a Dios cosecharán las bendiciones divinas. No obstante, el autor no quería enseñar que los creyentes tienen siempre (como aquí) garantizado el éxito en el mundo, como lo deja muy claro en pasajes subsiguientes (ver Dn. 3:18; 7:25; 8:24)*. La fidelidad es invariablemente recompensada, pero la recompensa puede estar en la vida más allá.*

PREGUNTAS PARA GUIAR SU ESTUDIO

1. ¿Cómo está el tema del libro de Daniel —la soberanía de Dios— ejemplificado en este capítulo?
2. ¿Qué demuestra la profecía cumplida en cuanto al carácter y poder de Dios?
3. ¿Qué tienen en común los nombres hebreos y babilónicos de los jóvenes? ¿Cuáles pueden haber sido los motivos para asignar a los hebreos estos nombres en particular?
4. ¿Por qué decidieron Daniel y sus amigos no comer de la comida del rey? ¿Qué factores provocaron esta decisión valerosa?
5. ¿Cree usted que Dios recompensa siempre la rectitud? ¿Cuándo?

El cristiano y la función política.

Hay un mensaje en este relato referente a la participación del creyente en el campo de la política. Daniel fue ejemplo de lo adecuado del servicio activo en los asuntos de gobierno bajo la dirección divina.

DANIEL 2

II. EL SUEÑO DE NABUCODONOSOR (2:1–49)

El primer sueño de Nabucodonosor tuvo lugar pronto en la experiencia de Daniel en Babilonia. El sueño es significativo porque proporciona una historia del mundo a través de cuatro imperios gentiles sucesivos. Durante la fase final del cuarto imperio, todos los dominios de la tierra serán destruidos, y el reino eterno de Dios quedará establecido.

1. Las circunstancias del sueño (2:1)

Nabucodonosor tuvo un sueño inquietante en su "segundo año" (603–602 a. de J.C.). Daniel era probablemente un adolescente todavía. Difícilmente sería el profeta anciano de larga barba blanca que la mayoría de las personas imaginan cuando leen este relato. Los pueblos antiguos creían que los sueños eran mensajes de los dioses, y al parecer Nabucodonosor temía que la extraña revelación contuviera un mensaje amenazador para él.

Astrología

La astrología es bastante popular hoy para muchas personas que profesan creer en su poder, pero no es un fenómeno nuevo. Su práctica puede ser trazada aun más allá de la Babilonia de Daniel a una antigüedad más temprana. El que el movimiento de esferas llameantes llamadas estrellas y planetas compuestos de polvo y roca puedan determinar el destino de una persona es ciertamente absurdo.

- *El supersticioso rey estaba asustado en extremo por el extraño sueño.*

2. La ineficacia de los intérpretes paganos (2:2–13)

(1) Llamamiento de los intérpretes (2:2–4) La práctica de encantamientos (llamados también "hechizos"; ver Nah. 3:4) estaba muy extendida en el mundo antiguo y es denunciada severamente en el Antiguo Testamento (Ex. 22:18; Dt. 18:10; Is. 47:9, 12; Jer. 27:9; Mal. 3:5). Astrólogo es una traducción de una pala-

bra hebrea normalmente traducida por "caldeos". (Los términos *magos* y *encantadores* fueron considerados anteriormente.)

Los astrólogos aseguraron al rey que si él les contaba el sueño, ellos lo interpretarían (v. 4). La traducción de nuestra Biblia (RVR-60) da la impresión de que los astrólogos hablaron al rey en arameo, pero la frase "en lengua aramea" se debe considerar probablemente como una anotación entre paréntesis colocada en el texto para señalar el cambio en el idioma escrito. En este punto del libro y hasta el final del capítulo 7, la lengua no es hebreo sino arameo.

(2) La demanda imposible (2:5–9)

La versión RVR indica que el rey había olvidado el sueño, pero otras versiones modernas lo entienden de otra manera. La Versión Moderna traduce: "Es cosa resuelta de mi parte" (v. 5). Los hombres sabios entendieron perfectamente que Nabucodonosor no había olvidado el sueño puesto que continuaron rogándole que lo revelara. Nabucodonosor evidentemente rehusó divulgar el sueño porque sabía que sus astrólogos le darían una interpretación, pero él no tendría la seguridad de que fuera correcta. Sin embargo, si los sabios pudieran contarle su sueño que él conocía, podría creer que podían darle a conocer una interpretación adecuada, la cual él no conocía.

El fracaso en cumplir con la demanda del rey acarreaba un castigo severo. Los sabios serían despedazados y sus casas "convertidas en muladares". Despedazar a los enemigos era práctica extendida por todo el mundo antiguo. Por otra parte, si interpretaban el sueño recibirían "dones y favores y gran honra" (v. 6). Al parecer Nabucodonosor no dudaba en desprenderse de

Los dos idiomas de Daniel

Una característica excepcional del libro de Daniel es que aproximadamente la mitad está escrita en hebreo (1:1–2:4a; 8:1–12:13) y la otra mitad en arameo (2:4b–7:28). La explicación más lógica es que Daniel registró el material concerniente al mundo gentil en arameo (el lenguaje de su día), pero escribió aquellas partes relacionadas con los judíos en su hebreo nativo.

Interpretación de sueños en Babilonia

Los sabios babilonios eran expertos en interpretación de sueños y tenían manuales que explicaban los distintos símbolos de los sueños. Tales explicaciones no serían de fiar pero dejarían satisfechas a personas ignorantes. Los arqueólogos han descubierto muestras de estos manuales de sueños.

sus sabios porque consideraba que eran incapaces de cumplir con sus deberes.

(3) La incapacidad admitida (2:10, 11) Los astrólogos respondieron que no había persona en la tierra que pudiera satisfacer la demanda del rey, y acusaron a Nabucodonosor de no ser razonable. Sólo los dioses, declararon, poseen tal conocimiento. Esta era una admisión sorprendente, porque si sólo los dioses conocían el sueño, quienquiera que revelara el sueño estaría sin duda en contacto con ellos.

(4) La drástica consecuencia (2:12, 13) Enfurecido por la por la ruda respuesta de los astrólogos, el rey ordenó que fueran reunidos para una ejecución formal. Esta sentencia de muerte incluía a Daniel y sus amigos.

Los sabios de Babilonia eran famosos por hechicerías, encantamientos y astrología, pero sus artes mágicas no pudieron servirles de ayuda en su momento de necesidad (ver Is. 47:12, 13). Tampoco pudieron sus dioses falsos revelarles el sueño. Sólo el Dios verdadero posee sabiduría, poder y salvación.

3. Intervención de Daniel (2:14–30)

(1) Una pregunta y una petición (2:14–16) Cuando Daniel fue informado del asunto, fue a Nabucodonosor y le pidió tiempo para interpretar el sueño. Evidentemente la petición fue atendida porque el profeta aseguró al rey que su Dios podía revelar el sueño y su interpretación en un intervalo de tiempo razonable.

(2) Una revelación (2:17–19)

Daniel se dio prisa en llegar a casa y explicó la situación a sus amigos: Ananías, Misael y Azarías (v. 17). Entonces convocó al grupo a un tiempo de oración (v. 18). Aquí tenemos un cuadro precioso de los cuatro jóvenes, posiblemente todavía en su adolescencia, unidos en oración. Esta era una crisis de vida o muerte, y ellos rogaron a Dios para que tuviera misericordia de ellos y les preservase la vida. Durante la noche el "secreto" (el sueño y su interpretación) le fue revelado a Daniel en una visión. El alabó a Dios por su benevolencia al concederle su petición (v. 19).

Lecciones de oración

La revelación de Dios fue concedida en respuesta a la petición de Daniel. Los creyentes no deben cansarse de orar porque Dios escucha y contesta sus peticiones de auxilio. Estos versículos ilustran también el valor de la oración colectiva. Parece prometerse poder especial cuando los creyentes adoran y oran juntos (Mt. 18:19, 20). La oración debe incluir siempre acción de gracias (Dn. 2:23).

Nombres de Daniel para Dios

Señor (1:2; 9:3, 4, 7, 9, 15, 16, 17, 19), soberano, gobernador

Dios (1:2, 9, 17, etc.), el Tolopoderoso

Dios del cielo (2:18, 19, 37, 44), el Dios en el cielo

Dios de dioses (2:47; 11:36), el Dios más grande

Señor de reyes (2:47), el soberano sobre los reyes de la tierra

Revelador de misterios (2:29, 47), el omnisciente

Dios altísimo (3:26; 4:2; 5:18, 21), el Dios por encima de todo

Rey del cielo (4:37), el gobernador del cielo

Señor del cielo (5:23), el gobernador del cielo

Dios viviente (6:20, 26), el que existe

Anciano de días (7:9, 13, 22), el Eterno

Jehová (9:2, 4, 8, 10, 13, 14, 20), el Dios que es

Príncipe de los ejércitos (8:11), gobernador de los santos

(3) Una oración (2:20–23)
Estos versículos registran una de las más hermosas oraciones de alabanza de la Biblia. Daniel alabó a Dios por su "sabiduría", demostrada por su conocimiento del sueño, y por su gran "poder", manifestado en la soberanía del Señor sobre los acontecimientos de la historia humana.

La oración concluyó con una nota muy personal, en que están implícitos "yo", "mi", "me", "nos", y un cambio de "él" por la segunda persona "tú", más personal, para referirse a Dios.

(4) La comparecencia ante el rey (2:24–30)
Daniel encontró a Arioc, el capitán de la guardia, y le rogó que no matase a los sabios porque él estaba preparado para interpretar el sueño. El joven profeta tuvo buen cuidado de dar a Dios toda la gloria. Reconoció ante el rey que ningún ser humano podía conocer el misterio, pero "hay un Dios en los cielos, el cual revela los misterios" (v. 28). El hecho de que hay un Dios en los cielos es el principio fundamental de la Biblia.

"Hay un Dios en los cielos"

Las circunstancias pueden parecer a veces imposibles desde un punto de vista terrenal, pero "hay un Dios en los cielos" que puede hacer todas las cosas. El puede solucionar problemas aparentemente insolubles, suplir necesidades, y dar fuerzas para tareas imposibles. Dios está ahí y cuida de sus hijos.

El versículo 27 contiene también el primer uso del término *"adivino"*, una persona que se suponía capaz de "determinar" el destino de otra. "Echador de buenaventura" puede captar también la idea. Nabucodonosor no entendía el significado del sueño, pero Dios le había otorgado una visión anticipada de acontecimientos futuros ("postreros días").

Como los antiguos "adivinos" de Babilonia, los echadores de buenaventura y psíquicos de hoy se quedan cortos. Pretenden tener la capacidad de predecir acontecimientos, pero sus predicciones son raramente correctas. El verdadero conocimiento en cuanto a asuntos espirituales y al futuro viene sólo de Dios. El ha revelado destellos del futuro a su pueblo mediante la Biblia.

4. El sueño revelado (2:31–35)

Finalmente el contenido del sueño fue revelado. Lo que sigue es una de las más sorprendentes profecías de la Biblia.

(1) La gran estatua (2:31–33)

Nabucodonosor había visto en su sueño una estatua enorme. Al estar compuesta de metal, la estatua reflejaba la luz y era por ello deslumbrante. El rey estaba aterrorizado por este coloso. La cabeza de la estatua era de oro, su pecho y brazos de plata, su vientre y muslos de bronce, sus piernas de hierro, y sus pies en parte de hierro y en parte de barro cocido. El barro cocido sería quebradizo y débil.

(2) La gran piedra (2:34, 35)

En el sueño una piedra fue cortada ("del monte", v. 45) sin mano de hombre. La piedra fue arrojada violentamente contra la estatua por alguna fuerza, golpeándola en los pies y haciendo pedazos el hierro y el barro. No sólo fueron destruidos los pies de hierro y barro, sino que la estatua entera (el bronce, la plata y el oro) se desintegró en polvo, y el viento arrastró toda traza del coloso. Entonces la piedra que había destruido la estatua se convirtió en un gran monte que llenó toda la tierra.

Varios aspectos de la piedra debieron impresionar a Nabucodonosor: (1) Su origen fue sobrenatural, ya que fue cortada del monte sin mano humana; (2) la piedra tenía un poder extraordinario, ya que aniquiló la estatua; y (3) su radio de acción era universal como simbolizaba el hecho de que se convirtió en un monte gigantesco y llenó la tierra. En los versículos 44, 45 Daniel identifica esta gran piedra con la venida del reino de Dios, y su desarrollo en un monte enorme simboliza su dominio universal (ver Is. 2:2; Mi. 4:1).

■ *Un día llegará el reino de Dios. Será universal.*

5. La interpretación del sueño (2:36–45)

(1) El significado de la estatua (2:36–43)

En el sueño se presenta una visión de cuatro grandes imperios gentiles, representados por los diferentes materiales de la estatua. Tradicionalmente, estos reinos han sido identificados como Babilonia, Medo-Persia, Grecia y Roma. Algunos eruditos han argumentado que los imperios eran Babilonia, Media, Persia y Grecia. Sin embargo, el punto de vista tradicional se conforma a la realidad histórica.

El Imperio Neo-babilónico dominó el Cercano Oriente durante sesenta y seis años (605–539 a. de J.C.).

EL IMPERIO BABILONICO (2:37, 38)

Daniel identificó a Nabucodonosor y su reino babilónico como el primer imperio. Con frecuencia se emplean en la Biblia los términos *rey* y *reino* de forma indistinta dado que el rey era considerado como la personificación del reino.

EL IMPERIO MEDO-PERSA (2:39A)

El siguiente gran poder en aparecer en el mundo fue el Imperio Medo-Persa dirigido por el dinámico Ciro el Grande (comp. 7:5; 8:20). Este reino está simbolizado por el pecho y brazos de plata de la gran estatua, posiblemente los dos brazos representando a sus dos divisiones.

La dominación medo-persa continuó aproximadamente durante unos doscientos años (539–331 a. de J.C.)

Este reino era "inferior" al imperio de Nabucodonosor y la inferioridad de cada imperio subsecuente se expresa por el valor decreciente de los metales. Posiblemente el concepto de inferioridad es moral. Daniel puede estar sugiriendo que lo pecaminoso del mundo continuaría creciendo hasta la culminación de la historia.

EL IMPERIO GRIEGO (2:39B)

El vientre y los muslos de bronce de la estatua simbolizaban el Imperio Griego (comp. 7:6; 8:5; 11:3, 4). En el 332 a. de J.C. los ejércitos del gran conquistador Alejandro el Grande marcharon contra el Imperio Medo-Persa y lo derrotaron en una serie de batallas decisivas.

El Imperio Griego dominó la tierra durante casi doscientos años (331–146 a. de J.C.)

Daniel declaró que este reino "dominará sobre toda la tierra", es decir, sobre el mundo civilizado de su tiempo, y que no eran simples naciones individuales de influencia limitada. Eran los grandes imperios mundiales de la historia.

EL IMPERIO ROMANO (2:40)

Las piernas de hierro de la imagen representan al imperio que dominó el mundo después de Grecia, la Roma antigua (v. 40). Se utilizan tres términos en este versículo ("desmenuza", "rompe", "quebrantará") para enfatizar el tremendo poder que ejercería este cuarto reino.

Algunos han sugerido que las dos piernas de hierro de la estatua representan las divisiones de oriente y occidente del Imperio Romano. Tal identificación no está expresada específicamente en el texto y parece poco probable.

El Imperio Romano dominó el mundo desde la derrota de Cartago en el 146 a. de J. C. hasta la división de los imperios occidental y oriental en el 395 d. de J. C., un período de aproximadamente quinientos años. El último emperador romano reinó en oriente hasta el 476 d. de J.C., y la parte occidental del imperio continuó hasta el 1453 d. de J.C.

LOS PIES Y DEDOS DE LA ESTATUA (2:41–43)

Entre los eruditos que aceptan el punto de vista tradicional, hay desacuerdo en cuanto a la identificación de los pies y dedos de la estatua. La clave para el entendimiento del texto se basa en la interpretación de la piedra que llena la tierra. El que la piedra simboliza el reino de Dios está declarado específicamente en el texto (comp. 2:44, 45); sin embargo, hay desacuerdo respecto a la naturaleza de este reino. Si el reino se refiere al reino espiritual de Cristo en el corazón de los creyentes que comenzó con su primera venida, los pies y dedos representan a la antigua Roma. Si el dominio descrito en el versículo 44 alude al reino personal, terrenal de Cristo que ha de ser inaugurado en su segunda venida, entonces la última parte de la estatua debe describir un imperio terrenal existente inmediatamente antes del retorno de Cristo.

En los versículos 41–43 este cuarto imperio (sea la antigua Roma o una futura fase de Roma) se presenta como dividido (una federación), poderoso (hierro) y mixto (compuesta por elementos o naciones fuertes y débiles). Los "reyes" del versículo 44 han sido identificados como gobernantes simbolizados por los diez dedos de la estatua que se unen para formar la última fase del cuarto imperio y gobernar conjuntamente hasta el tiempo del retorno de Cristo (ver Dn. 7:24; Ap. 13:1; 17:12). Otros estudiosos asocian de alguna manera estos "reyes" con el período romano antiguo.

(2) El significado de la gran piedra (2:44, 45)

El clímax de la revelación del sueño es el futuro reino de Dios simbolizado por la gran piedra (comp. v. 45; 7:13, 14, 18, 27). Este reino será de origen divino, eterno ("no será jamás destruido"), triunfante ("desmenuzará"), y seguro en cuanto a su venida ("verdadero" y "fiel").

En este mundo actual de injusticia, guerras y crímenes, es consolador saber que algún día el Mesías aparecerá y traerá el reino de Dios prometido. Entonces los males de esta era se acabarán. Sin duda viene el día en que "la tierra será llena del conocimiento de la gloria de Jehová, como las aguas cubren el mar" (Hab. 2:14).

6. Respuesta de Nabucodonosor (2:46–49)

El rey se sintió anonadado. Sabía que Daniel había dicho la verdad, por lo que se postró sobre su rostro ante el joven cautivo judío (v. 46). Seguidamente Nabucodonosor dio honor al Dios de Daniel (v. 47). El monarca babilonio quedó profundamente impresionado, pero no se convirtió a la fe judía como prueban sus actos subsiguientes. Como politeísta él podía añadir otro dios a las deidades que adoraba.

Fe verdadera

Muchas personas hoy son como Nabucodonosor. Saben del verdadero Dios —muchos incluso creen en su poder milagroso— pero nunca han llegado a conocerle de forma personal, experimental. Aun así se requiere esa experiencia, porque el mismo Jesús dijo: "Y esta es la vida eterna: que te conozcan a ti, el único Dios verdadero, y a Jesucristo, a quien has enviado" (Jn. 17:3).

Daniel fue recompensado con la posición elevada de "gobernador" y "grandes dones" (v. 48). El no olvidó a sus amigos. A petición suya Nabucodonosor dio a Sadrac, Mesac y Abed-nego cargos políticos importantes (v. 49).

Nabucodonosor y otros babilonios quedaron impresionados por la grandeza del Dios de Daniel. El propósito de los milagros es dar gloria a Dios.

PREGUNTAS PARA GUIAR SU ESTUDIO

1. Los sabios de Babilonia no pudieron revelar el sueño ni su significado al rey. ¿Cuáles son algunos ejemplos del fracaso de la religión falsa en nuestro mundo moderno?
2. ¿Por qué podría Nabucodonosor haberse negado a revelar su sueño a los sabios?
3. ¿Cuáles son algunos de los elementos de la oración de Daniel que deberían estar presentes en nuestras oraciones?
4. ¿Cómo demostró Daniel su humildad en este relato?
5. ¿Cuál fue el sueño del rey, y qué significaba? ¿Qué relevancia tiene el mensaje del sueño para hoy?
6. ¿Qué propósito para los milagros podemos observar en esta historia?

Los nombres de los tres hebreos han sido posiblemente descubiertos en documentos babilónicos antiguos

Se ha presentado un argumento bastante convincente para la identificación de los tres hebreos de este relato con nombres hallados entre más de cincuenta funcionarios inscritos en un texto babilónico del reinado de Nabucodonosor. Los nombres de la lista babilónica con sus correspondientes hebreos propuestos son: Hanunu=Ananías (Sadrac), Ardi-Nabu=Abed-nego (Azarías), y Mushallim-Marduc= Misael (Mesac).

DANIEL 3

III. LA PRUEBA DE LOS TRES HEBREOS (3:1–30)

La posición del capítulo 3 en el libro, la probabilidad de que el rey recibiera la idea para la estatua del sueño en el capítulo 2, y la probabilidad de que la imagen fuera construida para probar la fidelidad de los funcionarios del rey a su nueva administración, parecen en conjunto apoyar una fecha para este episodio hacia el comienzo del reinado de Nabucodonosor. La ausencia de Daniel puede ser debida a sus responsabilidades en Babilonia (ver Dn. 2:49), enfermedad o alguna otra razón desconocida.

1. La ocasión (3:1–7)

(1) La gran imagen (3:1)

El rey Nabucodonosor ordenó que fuera erigida una enorme estatua en un llano fuera de la ciudad de Babilonia. La enorme estatua de oro (cubierta de oro; comp. Ex. 39:38 con Ex. 30:3) tenía una altura de treinta metros de altura (aproximadamente la altura de un edificio de nueve pisos) y cerca de tres metros de ancha. Si la imagen tuviera forma humana, como la mayoría asume, estas dimensiones parecerían bastante desproporcionadas, incluso grotescas. La estatua puede haber sido similar a un tótem, o más probablemente estaría sobre una base que supondría bastante de la altura. Dura no ha sido identificado positivamente, pero debe haber estado ubicado en algún lugar cercano a la ciudad de Babilonia. Reluciente bajo la brillante luz del sol, este coloso de oro presentaba una vista imponente al elevarse sobre el llano.

(2) La dedicación (3:2, 3)

Nabucodonosor reunió a sus funcionarios, que habían de demostrar su sumisión al rey y a los dioses de Babilonia postrándose ante la colosal estatua. Se nombran siete clases de dignatarios y puede asumirse que son mencionados en orden de importancia, empezando con los más prominentes. Estos son: (1) "sátrapas", (2) "magistrados", (3) "capitanes", (4) "oidores", (5) "tesoreros", (6) "jueces". Otros dignatarios menos importantes son mencionados como: "y todos los gobernadores de las provincias".

(3) El decreto (3:4, 6)

Estaban presentes muchas nacionalidades diferentes, que reflejaban la política de Nabucodonosor de nombrar nativos de ellas para gobernar las provincias (p. ej. Gedalías, 2 R. 25:22–25). A estos oficiales gubernamentales se

Estatuas grandes de tiempos antiguos

Estatuas grandes construidas por reyes de tiempos antiguos no eran cosa rara. Por ejemplo, la gran esfinge en Egipto (73 metros de larga por 20 de altura), con cuerpo de león y cabeza humana, fue construida hacia 2500 a. de J. C. y todavía lanza su resplandor intemporal sobre las arenas del desierto. Ramsés II y otros faraones de Egipto construyeron grandes estatuas de sí mismos y las colocaron por todo Egipto. Otros ejemplos de grandes estatuas son el Coloso de Rodas (hacia 300 a. de J. C.) que medía 32 metros de altura, y la gran estatua de Zeus (12 mts. de altura) en Olimpia, Grecia (siglo V a. de J.C.). Según el historiador griego Herodoto, había una estatua de Bel (Marduc) en Babilonia (al menos de fecha tan antigua como en tiempos de Ciro), hecha de oro macizo de 5,5 mts. de altura. Con toda la riqueza y poder a su alcance, Nabucodonosor era capaz de construir la estatua descrita aquí.

les ordenó postrarse y adorar la imagen de oro cuando la orquesta empezara a tocar. Los instrumentos músicos en la orquesta real incluían "bocina", "flauta", "tamboril", "arpa", "salterio", "zampoña" y otros.

(4) La adoración

La adoración a una deidad estaba claramente incluida en la orden de postrarse ante la estatua (ver Dn. 3:28), y la imagen era probablemente semejante a Marduc, el dios principal de Babilonia.

NP

- *Nabucodonosor ordenó que todos sus funcionarios adoraran una estatua idolátrica. A menudo se presiona a los creyentes para que nieguen a su Dios de diferentes formas.*

2. *La acusación (3:8–12)*

(1) Los acusadores (3:8)

En un gentío tan grande es evidente que el rey no podía ver que tres hombres permanecían de pie, por lo que "algunos varones caldeos" (astrólogos) informaron del hecho. "Acusaron maliciosamente" es literalmente "comieron los pedazos de", una frase que indica gran odio y un lenguaje cruel. "Los despellejaron" podría ser una frase comparable en español, pero no tan dura. La acusación reflejaba probablemente envidia del éxito de los judíos por parte de estos sabios (ver cap. 6).

(2) Los cargos (3:9–12)

Se presentaron tres cargos contra Sadrac, Mesac, y Abed-nego: No prestaron ninguna atención al rey (y sus mandatos), no sirvieron a los dioses del rey y se negaron a adorar a la estatua de oro que el mismo rey había levantado.

- *Sadrac, Mesac y Abed-nego rehusaron postrarse ante la gran estatua. Por envidia, algunos de sus compañeros sabios informaron de su comportamiento al rey.*

3. La investigación (3:13–18)

(1) La pregunta y la oferta (3:13–15)

Airado e incrédulo, Nabucodonosor preguntó a Sadrac, Mesac y Abed-nego si la noticia de su desobediencia era "verdad". Por alguna razón, Nabucodonosor dio a estos jóvenes una oportunidad de cambiar su actitud. Posiblemente había llegado a apreciarles, o tal vez pensó que sería una pena perder a tres hombres capaces, especialmente porque había hecho una gran inversión en tiempo y dinero en ellos. Entonces Nabucodonosor les advirtió que ningún dios podría salvarles si se negaban a adorar la imagen. Esta advertencia parece reflejar la experiencia previa con el Dios de Israel (ver cap. 2). El Señor había demostrado ser poderoso al revelar el sueño, pero ni siquiera un Dios tan grande sería capaz de proteger a sus seguidores de la muerte en el horno.

(2) La respuesta valiente (3:16–18)

Los jóvenes respondieron que no presentarían disculpas por su postura. A pesar de que Sadrac, Mesac y Abed-nego manifestaron su confianza en el poder de su Dios para librarles, aceptaron humildemente el hecho de que Dios no siempre decide intervenir de forma milagrosa en las circunstancias humanas, aun a favor de sus siervos. Los hebreos creían que su Dios *podía,* pero no necesariamente, *preservaría* sus vidas.

Incluso si Sadrac, Mesac y Abed-nego tuvieran que sufrir una muerte horrible y dolorosa en un

Persecución religiosa

Los astrólogos enfatizaron que estos hombres irrespetuosos y traidores eran "judíos" (v.12; comp. v. 8). Puesto que no parece haber razón para señalar su nacionalidad, la mención parece reflejar resentimiento hacia los judíos y sus prácticas religiosas que les hacían comportarse de forma diferente al resto del mundo. El pueblo de Dios es perseguido con frecuencia cuando adoptan una postura moral impopular.

Las pruebas y el creyente

Dios tiene poder para librar a los creyentes de los problemas y pruebas, pero a veces no lo hace. No entendemos siempre el propósito de las pruebas (p. ej. edificación del carácter), pero Dios nos pide que confiemos en él, aun cuando no sea fácil. Como Job que había soportado sufrimientos increíbles y exclamó: "aunque él me matare, en él esperaré" (Job 13:15).

horno encendido, declararon que no renegarían de su Dios ni adorarían a los ídolos. Sus palabras implican la creencia en una vida más allá (ver Mt. 10:28).

Consecuencias de una ira incontrolada

El rey estaba tan enfadado que ordenó a los soldados arrojar a los tres hebreos al fuego sin la preparación adecuada. Su ira costó la vida de tres hombres inocentes. Nuestra ira puede tener también serias consecuencias.

Nabucodonosor dio a los tres hebreos una oportunidad de reconsiderar su decisión. Expresaron su confianza en la capacidad de su Dios para librarles, pero se daban cuenta de que Dios podía decidir no preservar sus vidas. No obstante, se negaron a adorar la estatua.

4. La sentencia (3:19–23)

Las palabras valientes y la actitud de firmeza de Sadrac, Mesac y Abed-nego pusieron furioso a Nabucodonosor. El rey ordenó que el horno se calentara “siete veces más de lo acostumbrado”. “Siete veces” es una expresión proverbial (ver Pr. 24:16; 26:16). Nabucodonosor puede haber seleccionado algunos de sus soldados más fuertes para arrojar a los hebreos al fuego con el fin de prevenir cualquier intervención, humana o divina. Sadrac, Mesac y Abed-nego fueron atados cuando todavía llevaban sus ropas puestas y arrojados a las llamas. El fuego prendería rápidamente en sus vestidos y las llamas rodearían a los tres, un espectáculo horrible. Los soldados se vieron forzados a llevar a cabo el mandato con tanta prisa que no tuvieron tiempo de protegerse del fuego, y el enorme calor les mató. “Echados dentro” del horno sugiere que los hebreos fueron echados dentro por una abertura en la parte alta.

Hornos antiguos

Los hornos de fundición de Mesopotamia tenían la forma de una botella de leche de cristal. El mineral para la fundición era echado por la parte de arriba, mientras la leña y el carbón vegetal para calentar eran puestos en el horno por una abertura más pequeña a nivel del suelo. La temperatura en estos hornos podía alcanzar hasta 1.000 grados centígrados.

- *El rey, furioso, ordenó arrojar a los rebeldes*
- *hebreos en el horno. Ellos estaban dispuestos*
- *a sufrir el martirio por su Dios.*

La presencia de Dios en las pruebas

Los tres hebreos experimentaron literalmente la promesa: "Cuando pases por las aguas, yo estaré contigo; y si por los ríos, no te anegarán. Cuando pases por el fuego, no te quemarás, ni la llama arderá en ti" (Is. 43:2). Cuando los creyentes de hoy pasan por pruebas como de fuego, Dios también está con ellos.

5. La liberación (3:24–27)

Nabucodonosor "se espantó" y se levantó. A los tres judíos se les había unido un cuarto hombre, y éste era "semejante a hijo de los dioses". Muchos eruditos identifican a esta persona como un ángel común, pero más probablemente era un personaje divino. "Hijo de los dioses" atribuye deidad al ser puesto que un hijo de los dioses participa de la naturaleza divina. El mismo Dios estaba con sus hijos en medio del fuego.

La versión inglesa del Rey Jaime traduce "el Hijo de Dios", una alusión aparente a la segunda persona de la Trinidad. Ambas versiones son posibles gramaticalmente. Puesto que Nabucodonosor era politeísta y no tenía el concepto de la Trinidad cristiana, el rey pagano quería decir que la persona en el fuego era divina, pero no alcanzó a identificarla como Jesucristo. No obstante, eso no quiere decir que la persona en el fuego no fuera Cristo. Lo más probable es que fuera él puesto que cuando Dios hace una aparición en el Antiguo Testamento, es usualmente la segunda persona de la Trinidad.

Nabucodonosor se acercó a la puerta del horno y llamó a los hebreos para que salieran y se presentaran ante él. El rey estaba ahora convencido de que el Dios de Israel era verdaderamente grande, "Dios altísimo". Aun así esta fe encajaba en el ámbito de los conceptos de la religión pagana, politeísta, porque el rey consideraba al Señor simplemente como el gran Dios entre muchos. Cuando los tres salieron del fuego, no quedaba rastro alguno de que hubieran estado en el horno. No había en ellos "ni siquiera olor de fuego". Todos estaban convencidos de que habían presenciado un milagro.

- *Los tres hebreos fueron testigos de un gran milagro y tuvieron un encuentro personal con Dios en las llamas. Dios estaba con ellos en su momento de necesidad como lo está hoy con los creyentes.*

6. El resultado (3:28–30)

Nabucodonosor alabó al Dios de los hebreos por tan grandiosa demostración de poder. "Angel" (literalmente mensajero) podría referirse a un ángel común o al mismo Dios (ver Gn. 18:1, 2, 10ss.). En este contexto, se refiere a un ser divino como muestra la consideración del versículo 25. El monarca pagano manifestó su admiración por estos jóvenes a causa de su disposición para sufrir una muerte horrible a fin de mantenerse fieles a su Dios.

Nabucodonosor promulgó un decreto prohibiendo a todos los súbditos en todo su reino decir algo malo del Dios de Israel bajo pena de muerte y destrucción de su propiedad (comp. 2:5). Tal mandato en boca de un rey pagano es sorprendente, pero deben tenerse en cuenta las circunstancias: Nabucodonosor acababa de presenciar un milagro. Este decreto puede haber sido también un intento de apaciguar al Dios de Israel, porque el rey puede haber temido estar en peligro de la represalia divina.

Sadrac, Mesac y Abed-nego fueron no sólo honrados por el rey; sino que también recibieron recompensas. Probablemente fueron recompen-

Muerte por fuego

Jeremías 29:22 registra el hecho de que Nabucodonosor mató por fuego a dos hombres llamados Sedequías y Acab.

La muerte por incineración en un "horno de fuego" era un castigo horrible por desobedecer la orden del rey. Nabucodonosor eligió probablemente este medio de castigo, no sólo porque fuera una forma horrorosa, sino también porque era conveniente. Sería necesario disponer de un enorme horno para fundir el metal para el chapado en oro y para la fabricación de los ladrillos para construir la base de la misma estatua.

Respeto por el compromiso con Dios

Incluso en el mundo de hoy, los incrédulos pueden no entender ni apreciar las convicciones cristianas, pero por lo regular respetan a quienes están dispuestos a adoptar una postura firme por su Dios.

sas materiales y el respeto entre el pueblo, así como ascensos en sus trabajos. De forma que la fidelidad en una prueba terrible dio por resultado gran bendición para los tres hombres judíos.

- *El resultado de la fidelidad de los hebreos y su liberación milagrosa fue que el rey dio gloria al Dios verdadero, y los hebreos fueron recompensados.*

PREGUNTAS PARA GUIAR SU ESTUDIO

1. ¿Cuál era probablemente el propósito de la gran estatua que Nabucodonosor erigió en el llano de Dura?
2. ¿Por qué eligió el rey la muerte en el horno como castigo por negarse a postrarse ante la imagen?
3. ¿Creían los hebreos que su Dios tenía poder para librarles de la muerte en el horno? ¿Estaban seguros de que Dios los libraría? ¿Qué clase de actitud mostraron a la luz de las posibilidades?
4. ¿Quién era la cuarta persona entre las llamas?

Un incentivo para la fidelidad

El autor de Hebreos inspiró a los santos de su tiempo recordándoles pasados héroes de la fe. Aquellos que "apagaron fuegos impetuosos" (He. 11:34) fueron sin duda los tres judíos de Daniel 3. Si el Señor pudo librarlos a ellos del horno, puede ayudar hoy a los santos a superar sus pruebas.

La omnipotencia de Dios

Ser arrojados a un horno de fuego es ciertamente extraordinario. Pero el ángel Gabriel dijo a María: "nada hay imposible para Dios" (Lc. 1:37), y el mismo Señor Jesús dijo: "para Dios todo es posible" (Mt. 19:26). Daniel 3 ilustra el hecho de que Dios tiene poder para proteger a sus hijos.

DANIEL 4

IV. EL SEGUNDO SUEÑO DE NABUCODONOSOR: JUICIO DE DIOS SOBRE EL REY (4:1–37)

Daniel no fechó el sueño ni los subsiguientes acontecimientos descritos aquí, pero los datos del texto apuntan al final del reinado de Nabucodonosor. Por ejemplo, sus labores de construcción parecen haber concluido (4:30), y hay paz en todo el imperio (4:4). Este capítulo es poco común en varias formas: (1) Contiene algunos aspectos similares a los de una epístola; (2) es el único capítulo de la Biblia escrito bajo la autoridad de un pagano; (3) el capítulo está escrito desde el punto de vista de Nabucodonosor; (4) hay doxologías al principio y al final del capítulo; (5) un cambio de la primera (vv. 1–18, 19b–27) a la tercera persona (vv. 19a, 28–33) y entonces vuelta a la primera persona (vv. 34–37). En su mayor parte el material escrito en tercera persona (excepto v. 19a) describe la locura del rey, detalles para los que el rey no hubiera sido un testigo razonable.

1. La proclamación del rey (4:1–3)

La audiencia universal de Nabucodonosor es típica de las pretensiones asirias y babilónicas de gobernar toda la tierra. El propósito de la carta era proclamar la grandeza y poder del "Dios altísimo" que habían sido mostrados en la vida del rey. "Conviene que yo declare" muestra que era un verdadero gozo para Nabucodonosor compartir lo que Dios había hecho por él.

Nabucodonosor alabó a Dios por su grandeza, poder y soberanía. Por fin había llegado a darse cuenta de que "el Dios Altísimo", no él mismo ni los dioses de Babilonia, era soberano. En boca

Contento de hablar de la bondad de Dios

Nabucodonosor estaba gozoso de compartir su testimonio con otros. Esta debería ser la actitud de todo creyente. Dios ha hecho algo maravilloso con nosotros en la salvación, y deberíamos considerar un placer compartir esa experiencia con otros.

de un monarca pagano, esta afirmación respecto al Dios de Israel es verdaderamente increíble. Pero es comprensible, considerando las mucha formas en las que el Señor había demostrado su realidad y su poder a Nabucodonosor (registrado en caps. 2–4), y el testimonio constante de Daniel en la corte.

- *Nabucodonosor había experimentado personalmente la grandeza del Dios de Israel. El deseaba compartir su testimonio con el mundo.*

2. El sueño del rey (4:4–18)

(1) Las circunstancias del sueño (4:4, 5)

El rey estaba disfrutando de paz y prosperidad por todas partes. Su opositores (incluidos los egipcios) habían sido sometidos y no había ninguna amenaza seria a su autoridad. Súbitamente, la vida sin preocupaciones del rey fue sacudida por un sueño extraño que "espantó" al poderoso Nabucodonosor.

(2) El intérprete del sueño (4:6–9)

Como en ocasiones previas, los sabios de Babilonia fueron incapaces de interpretar el sueño. Finalmente, Daniel se presentó ante el rey. El tenía la habilidad de interpretar sueños porque Dios moraba en él ("el espíritu de los dioses santos"). Este es el requisito previo para el entendimiento espiritual hoy.

(3) El contenido del sueño (4:10–17)

Nabucodonosor informó que había visto un árbol enormemente alto en medio de la "tierra". El contexto parece requerir el mundo entero, puesto que los dominios de Nabucodonosor (simbolizados por el árbol) llegaban más allá de las fronteras de su propia "tierra". Evidente-

"Vigilante y santo"

"Vigilante" significa "alguien que está despierto". Este título se da únicamente en este capítulo (vv. 13, 17 y 23) en la Biblia, aunque aparece en literatura judía posterior como designación para *ángeles*. La idea es que los santos ángeles de Dios están despiertos y mantienen la vigilancia sobre el género humano.

mente el árbol estaba situado en el centro para denotar su posición de importancia suprema en relación con el resto de la tierra. La copa del árbol tocaba el cielo, y "se le alcanzaba a ver desde todos los confines de la tierra". El árbol era "hermoso", y proporcionaba alimento y protección para animales y aves.

Un ángel bajó del cielo y ordenó que el árbol fuera derribado y cortadas sus ramas, hojas y fruto. No obstante su cepa y sus raíces fueron dejadas en medio de la hierba del campo, sugiriendo la posibilidad de que pudiera volver a crecer. Una cerca de hierro y bronce debía ser colocada alrededor de la cepa del árbol para protegerla de la destrucción. Esta banda de protección era simbólica de la preservación de la vida y el reino de Nabucodonosor (comp. vv. 23, 26). A la mitad del versículo 15 la descripción cambia de un árbol a aquello que el árbol simboliza, un hombre. Este hombre viviría al aire libre con los animales del campo donde estaría expuesto a los elementos de la naturaleza.

Zoantropía

"Zoantropía" quiere decir literalmente "hombre-animal". "Licantropía" es una variedad de la Zoantropía y significa "hombre lobo". Se refiere a la ilusión en la que un hombre cree ser un lobo (la superstición primitiva de hombres lobo se basa en esta enfermedad). En el caso de Nabucodonosor se imaginaría que era un toro o un buey. Algunos personajes históricos que fueron víctimas de esta enfermedad fueron el rey Jorge III de Inglaterra y Otón de Baviera. Aunque rara, la enfermedad se presenta también hoy y ha sido documentada en estudios psicológicos.

El creería en realidad ser un animal, una condición psicológica conocida como zoantropía. Su enfermedad duraría hasta que fueran cumplidos "siete tiempos". La mayoría de los eruditos, antiguos y modernos, han interpretado los siete tiempos como siete años (ver 7:25), aun cuando hay quienes toman la frase para designar un período de tiempo no especificado.

La decisión del cielo de juzgar a este hombre con locura, fue tomada para demostrar la soberanía de Dios que "gobierna el reino de los hombres". Como reprensión al orgullo de Nabucodonosor y a todos los reyes de la tierra, Dios señaló que a veces permite reinar "al más bajo de los hombres".

(4) La petición del soñador (4:18)

Una vez más el rey expresó su fe en la capacidad de su principal consejero para interpretar el sueño porque era consciente de la relación especial de Daniel con el mundo espiritual (comp. vv. 8, 9). Otra razón para la confianza de Nabucodonosor era que el profeta había interpretado un sueño difícil para él en una ocasión anterior (ver cap. 2).

Nabucodonosor estaba descansando en los laureles de sus muchos logros cuando tuvo un sueño espantoso. Los acontecimientos descritos tenían el propósito de que todos conocieran que Dios gobierna sobre todos los quehaceres del género humano.

3. La interpretación del sueño (4:19–27)

(1) La sorpresa de Daniel (4:19)

Daniel no se quedó "atónito" en cuanto al significado del sueño, como muestra claramente el resto del versículo; más bien estaba atónito por el horror de lo que él supo inmediatamente que preveía el sueño. Los acontecimientos que se avecinaban "turbaban" a Daniel, no sólo porque parecía apreciar y respetar sinceramente al monarca babilonio, sino también a causa del efecto que esta situación podía tener sobre los judíos. Nabucodonosor evidentemente había tratado bien a los judíos durante la mayor parte de su reinado. Si fuera depuesto, no había garantía de tener otro gobernante con semejante mentalidad.

(2) Explicación del sueño (4:20–26)

Daniel explicó que el gran árbol representaba a Nabucodonosor y su vasto reino que había proporcionado prosperidad y protección a los pueblos de la tierra. En el Antiguo Testamento la figura del árbol se emplea en cualquier otro lugar para hablar del orgullo humano (ver Is. 2:12, 13; 10:34; Ez. 31:3–17). Muchos comentadores han notado la similitud entre la frase: "tú mismo eres, oh rey", y las palabras de Natán a David: "Tú eres aquel hombre" (2 S. 12:7).

Nabucodonosor fue citado específicamente como la persona que se comportaría como un animal. Debido a este extraño comportamiento "te echarán de entre los hombres, y con las bestias del campo será tu morada". Nabucodonosor se imaginaría que era un toro o un buey.

Este comportamiento insano duraría siete años ("siete tiempos") hasta que el rey se arrepintiera de su orgullo y reconociera que el Dios Altísimo es soberano. El arrepentimiento era posible porque en esta enfermedad una persona puede muchas veces razonar bastante bien en ciertas áreas, aunque muestre características animales. Por ejemplo, en un estudio moderno un hombre que se creyó un gato por un período de más de trece años obtuvo un empleo lucrativo.

Daniel ofreció al rey un rayo de esperanza al explicarle que la cepa y las raíces preservadas significaba que su reino sería restaurado tras su arrepentimiento. Durante este período de incapacidad mental, el hijo de Nabucodonosor, Amel-Marduc, gobernó al parecer el país a fin de que el gobierno siguiera funcionando con normalidad.

(3) Consejo de Daniel (4:27)

Daniel animó con tacto al rey a que se arrepintiera de sus pecados y demostrara su arrepentimiento con una vida recta. Al obedecer la advertencia de su sueño y hacer buenas obras, el monarca probaría que reconocía la supremacía de Dios sobre él. Daniel pareció ofrecer al rey la auténtica posibilidad de evitar este juicio, manifestando la voluntad de Dios para perdonar.

¿Salvación por obras?

El consejo de Daniel al rey no era un "plan de salvación". Ni Nabucodonosor ni ningún otro puede ser salvo por obras. La salvación incluye una experiencia personal con el Dios viviente, con una vida recta que surge de forma natural de una vida cambiada. Sin embargo, un juicio temporal puede ser evitado por una vida recta.

El sueño preveía el juicio de Dios sobre Nabucodonosor. Daniel animó al rey a renunciar a sus pecados a fin de evitar la calamidad que venía. Dios es misericordioso y está dispuesto a perdonar.

4. El cumplimiento del sueño (4:28–36)

(1) El juicio de Nabucodonosor (4:28–33)

Lamentablemente Nabucodonosor no se arrepintió y todos los acontecimientos horribles previstos en el sueño se cumplieron. Doce meses después un gran acceso de orgullo por parte del monarca babilonio se convirtió en el catalizador del cumplimiento del sueño.

Nabucodonosor estaba paseando sobre la terraza de su palacio contemplando la magnifica ciudad que él había edificado. Se refirió a la ciudad como "la gran Babilonia" (ver Ap. 14:8; 18:2), y sin duda era grande. Babilonia fue una de las ciudades preeminentes de la historia y durante el reinado de Nabucodonosor fue sin duda la ciudad más magnífica de la tierra. Herodoto, el antiguo historiador griego, visitó la ciudad como cien años después del tiempo de Nabucodonosor y se sorprendió por su grandeza. Más de doscientos años después Alejandro Magno (que murió en Babilonia) pensó hacer de la ciudad el cuartel general de su vasto imperio.

La gracia de Dios

En su misericordia Dios concedió a Nabucodonosor un año entero para arrepentirse de sus pecados, pero el orgulloso rey no lo hizo. Dios es paciente y amoroso. El no se complace en condenar a las personas (ver Ez. 18:23, 32).

Nabucodonosor dejó de dar la gloria a Dios por sus logros y su corazón se llenó de orgullo. Los pronombres en primera persona ("yo" y "mí") son evidentes en el versículo 30.

Descripción de la antigua Babilonia

Babilonia era una ciudad de forma rectangular rodeada por un foso ancho y profundo y por un intrincado sistema de muros dobles. Nabucodonosor añadió otro sistema defensivo de doble muro al este del río Eufrates que alcanzaba la increíble longitud de veintisiete kilómetros y en su parte alta era lo suficientemente ancho para que pasaran carros. La altura de los muros no se conoce, pero la puerta de Ishtar tenía doce metros de alta, y los muros tendrían aproximadamente esa altura. Un gran zigurat con sus siete niveles se levantaba a ochenta y ocho metros de altura. Babilonia se jactaba también de sus famosos "jardines colgantes" que los antiguos griegos consideraron una de las siete maravillas del mundo.

Una voz del cielo pronunció la sentencia sobre él, e inmediatamente se llevó a cabo. A causa de su extravagante comportamiento de animal, Nabucodonosor "fue echado de entre los hombres". Vivió al aire libre como las bestias, "comía hierba como los bueyes", estuvo expuesto a las inclemencias del tiempo. Su cabello se hizo opaco y deslucido, y sus uñas largas. ¡Qué irónico resulta que el rey que se había considerado superior a los otros hombres descienda ahora a un nivel infrahumano!

(2) Restauración de Nabucodonosor (4:34–36)

Aquí el relato vuelve a la primera persona y Nabucodonosor continúa su testimonio personal. Al final de los siete años el rey levantó sus ojos al cielo, un acto de sumisión, rendición y reconocimiento de su necesidad del Dios Altísimo. Dios observó el simple gesto de humildad y arrepentimiento de Nabucodonosor y, misericordiosamente, le devolvió la "razón". Entonces el rey bendijo a Dios como soberano ("Altísimo") y alabó y glorificó su nombre como el Eterno ("que vive para siempre"). Nabucodonosor había llegado a darse cuenta de que su reino era temporal, pero el reino de Dios es eterno.

La soberanía de Dios se enfatiza en el versículo 35. El "ejército del cielo" puede referirse a los cuerpos celestes (sol, luna y estrellas), a las fuerzas angélicas (o ejércitos) del cielo, o a ambos. Puesto que pone en paralelo los "habitantes de la tierra", probablemente se refiere a los habitantes del cielo. Nabucodonosor contó que en sus últimos años recibió más poder y honor que antes de su humillante experiencia.

Nabucodonosor no se arrepintió y el juicio de Dios del que fue advertido en su sueño se cumplió. Cuando el rey se arrepintió, Dios en su misericordia lo restauró a su posición de autoridad. El Señor demostró su poder sobre el más grande de los gobernantes de la tierra.

5. Conclusión (4:37)

Nabucodonosor concluyó su testimonio con palabras adicionales de alabanza "al rey del cielo". En la última parte del versículo final del capítulo se establece la moraleja del relato: "y él puede humillar a los que andan con soberbia."

Nabucodonosor tuvo desde luego un encuentro con el Dios viviente, y su alabanza parece haber sido sincera. ¿Fue esta experiencia equivalente a la salvación, o no llegó a alcanzar la fe que salva? Aunque los eruditos están divididos sobre el asunto, parece que el lenguaje del texto sugiere que Nabucodonosor tuvo un encuentro salvador con el Dios verdadero.

El interés de Dios por las personas en todas las partes del mundo puede observarse también en este relato. Incluso en la pagana Babilonia había un testigo —luz espiritual— del poder y realidad del Señor.

El peligro del orgullo

Este episodio ilustra el proverbio bien conocido: "Antes del quebrantamiento es la soberbia, y antes de la caída la altivez de espíritu" (Pr. 16:18). Dios aborrece el orgullo y humilla a quienes no reconocen su soberanía sobre ellos (Stg. 4:6). Personas que caminan hoy en orgullo descubren que esta ley espiritual de causa y efecto continúa funcionando.

Nabucodonosor alabó al Señor por su misericordia y reconoció que Dios es capaz de humillar a los orgullosos.

PREGUNTAS PARA GUIAR SU ESTUDIO

1. ¿Qué hay de excepcional en cuanto a este capítulo?

2. ¿Cuál fue el sueño de Nabucodonosor y qué significaba?
3. ¿Cuál es el nombre de la enfermedad que afligió a Nabucodonosor? ¿Hay casos de esta enfermedad hoy?
4. ¿Por qué calló Daniel cuando oyó el sueño?
5. ¿Qué gran pecado se reprende en este capítulo?

DANIEL 5

Historicidad de Belsasar

Hasta la segunda mitad del siglo diecinueve, el nombre *Belsasar* estaba sin atestiguar excepto por el libro de Daniel y trabajos dependientes de él, tales como Baruc y Josefo. Desde ese tiempo ha salido a la luz evidencia abundante que demuestra, no sólo que Belsasar vivió, sino también que era el hijo de Nabonido y coregente con él.

Reyes del imperio neo-babilónico

Nabopolasar	625–605 a. de J.C.
Nabucodonosor	605–562 a. de J.C.
Amel-Marduc	562–560 a. de J.C.
Neriglisar	560–556 a. de J.C.
Labashi-Marduc	556 a. de J.C.
Nabonido	
Belsasar (hijo de Nabonido que sirvió como coregente durante la mayor parte del reinado de su padre)	556–539 a. de J.C.

V. LA FIESTA DE BELSASAR Y LA CAIDA DE BABILONIA (5:1–31)

Nabonido, el último rey de Babilonia, residía en Tema en Arabia (unos ochocientos kilómetros al sur de Babilonia) durante la mayor parte de sus diecisiete años de reinado, al parecer por razones religiosas. Durante estas largas ausencias, era Belsasar, el príncipe heredero, quien regía el imperio.

A Nabucodonosor se le llama padre de Belsasar cinco veces (vv. 2, 13, 18, y dos veces en el v. 11), y al rey se le señala como hijo de Nabucodonosor una vez (v. 22). En las lenguas semíticas "padre" e "hijo" tienen una gran variedad de significados. "Padre" puede referirse al propio padre inmediato, abuelo, antepasado o, en el caso de reyes, a un antecesor. De igual manera, "hijo" puede referirse a hijo, nieto, descendiente o sucesor. Lo más probable es que Belsasar fuera nieto de Nabucodonosor. La relación de Belsasar con Nabucodonosor se recalca porque Belsasar debería haber aprendido la lección de humildad y sumisión al Dios de Israel por el episodio en la vida de este gran rey.

Las grandes fiestas no eran cosa rara en tiempos antiguos. Un rey persa alimentaba a quince mil personas diariamente, y Alejandro atendió a diez mil invitados en una fiesta de bodas. Según Ester 1:1–4, Jerjes I mantuvo una reunión para un gran número de personas que duró 180 días. Belsasar celebró esta fiesta el 12 de octubre de 539 a. de J. C., como treinta años después de los acontecimientos narrados en el capítulo 4.

1. La fiesta (5:1–4)

(1) Inmoralidad (5:1)

Belsasar fue el anfitrión de un enorme banquete para "mil de sus príncipes".

Se puede asumir con seguridad que al cabo de poco tiempo el rey y sus huéspedes estaban camino a la embriaguez. Con sus inhibiciones relajadas, la fiesta degeneró probablemente en una orgía de borrachera.

Testimonio antiguo relativo a la fiesta de Belsasar

Tanto Herodoto como Jenofonte (antiguos historiadores griegos) dan testimonio de que un banquete estaba teniendo lugar en la noche en que cayó Babilonia.

El propósito de esta fiesta es confuso. Fuera de los muros de la ciudad acampaban los ejércitos persas. Los babilonios habían sufrido una derrota aplastante sólo días antes a manos de los persas y únicamente quedaba por conquistar la ciudad de Babilonia. La situación parecía comprometida. Bajo tales circunstancias, ¿por qué celebraría Belsasar una fiesta? Puede que llevara a cabo esta celebración para levantar la moral o, sencillamente, era una fiesta acostumbrada que cayó en ese tiempo.

La Babilonia invencible

Los muros de Babilonia parecían infranqueables y el río Eufrates discurría a través de la ciudad por lo que tenía un gran suministro de agua. El historiador antiguo Jenofonte informó que la ciudad tenía almacenada comida suficiente para veinte años. Belsasar creía probablemente que ni el mismo Dios podía tocarle dentro de los fuertes muros de Babilonia.

Del pecado de blasfemia

El pecado de blasfemia es uno de los pecados peores que se pueden cometer. Acarrea el juicio de Dios sobre un individuo o una nación. Jesús declaró que la blasfemia contra el Espíritu Santo es el pecado imperdonable (Mt. 12:31). Los ataques blasfemos contra la persona y la ley de Dios no son raros hoy, particularmente en los medios de televisión y cine.

(2) Blasfemia (5:2–4)

Belsasar, con su juicio debilitado por el vino, ordenó que fueran traídos los vasos del templo de Jerusalén a su orgía (1:2). Entonces él y sus huéspedes blasfemaron contra el Dios de Israel al llenar los vasos con vino y beber alabando a los dioses paganos de Babilonia. Daniel llamó a los ídolos de Babilonia dioses de oro, plata, bronce, hierro, madera y piedra por que en su mente esto era toda la esencia que tenían (ver Sal. 115:4–7; 135:15–17).

En los versículos 22–24 Daniel indica que la blasfemia del rey fue un acto deliberado de desafío contra la autoridad y el poder de Dios. Belsasar sabía que el Dios de Israel había humillado a Nabucodonosor; no obstante, él conscientemente desafió a este Dios a que le humillara a él. El arrogante rey puede también haber oído de las predicciones de la caída de Babilonia ante el Imperio Medo-Persa (ver Dn. 8:1–4, 15–20; Is. 44:28; 45:1).

Embriaguez, inmoralidad, orgullo, idolatría y blasfemia fueron algunos de los pecados de Belsasar. Estos pecados son hoy comunes y tienen consecuencias graves.

2. La escritura en la pared (5:5, 6)

"En aquella misma hora", en el punto más alto de la blasfemia de Belsasar, "aparecieron los dedos de una mano de hombre" y empezaron a escribir un mensaje "en el encalado de la pared". Contra la blancura de la cal, cualquier escritura (y la mano que se movía) se destacaría con claridad. El mensaje fue escrito también "delante del candelero", haciendo el escrito aun más visible para todos los que estaban en la sala. El arrogante rey palideció y sus rodillas chocaban una con otra.

El salón del trono

El mismo salón en que tuvo lugar la fiesta de Belsasar puede haber sido descubierto. A la izquierda de los cinco patios del más grande de los palacios reales había una gran cámara (como de cincuenta por diecisiete metros) con tres entradas que algunos arqueólogos han identificado como el salón del trono. La cámara tenía un fondo de ladrillos barnizados de azul oscuro y altas columnas de ladrillos barnizados de amarillo y coronadas por capiteles jónicos de azul brillante. El techo estaba construido de cedro, y las paredes sin ventanas estaban blanqueadas.

- *A veces Dios se revela de formas excepcionales. Aquellos que blasfeman contra Dios y su ley inevitablemente se lamentarán por ello.*

3. Convocación de los sabios de Babilonia (5:7–9)

Belsasar prometió una triple recompensa a cualquiera de sus sabios que pudiera interpretar la escritura. Sería vestido de púrpura, recibiría un collar de oro para su cuello (ambos símbolos de alto rango) y sería "el tercer señor en el reino". "Tercero" implica otras dos personas. Las dos personas que serían superiores en rango eran Belsasar y su padre Nabonido. Daniel tenía conocimiento de Nabonido, aunque no lo mencionó por nombre. Aun con premios atractivos, los sabios de Belsasar fueron incapaces de interpretar la inscripción en la pared.

EL MENSAJE INDESCIFRABLE

Aunque estaba escrito en un lenguaje conocido por los sabios (arameo; vv.25–28), no pudieron leer el mensaje en la pared. Tal vez las letras estaban escritas de una forma no usual. Lo más probable es que entendieron las palabras en sí, pero no captaron ningún significado inteligible.

- *Una vez más vemos que la revelación divina es sólo comprendida con la iluminación de Dios.*

4. Daniel es convocado (5:10–16)

La reina (v. 10) no era la esposa de Belsasar, porque Daniel dijo anteriormente que las esposas del rey estaban ya presentes. Más aun, esta mujer mostró información de primera mano respecto a los asuntos de Nabucodonosor que no habría sido conocida por una esposa más joven de Belsasar, y ella había observado el ministerio de Daniel en la corte de Nabucodonosor. Probablemente era la madre de Belsasar. La reina habló a Belsasar de Daniel y aseguró al rey que el viejo profeta podía explicar la escritura en la pared. Belsasar informó a Daniel de la situación y le prometió la triple recompensa por interpretar la inscripción.

"Sabiendo todo esto" (v. 22)

¿Cómo podía Belsasar estar al tanto de la humillación de Nabucodonosor? Ciertamente el suceso habría sido conocido, pero la evidencia histórica indica que Belsasar vio probablemente los acontecimientos por sí mismo. Belsasar sirvió como funcionario principal durante el reinado de Neriglisar en 560 a. de J.C. Esto quiere decir que el rey era suficientemente mayor para ocupar un puesto sólo dos años después de la muerte de Nabucodonosor (562 a. de J.C.). Puesto que Nabonido era un oficial en la administración de Nabucodonosor, Belsasar habría vivido en Babilonia y observado los últimos años del reinado del gran rey.

Durante esta hora de crisis, la reina animó a Belsasar a buscar la sabiduría del profeta de Dios. Las personas deberían buscar la guía espiritual del Dios verdadero.

5. Un rechazo y una reprensión (5:17–24)

Daniel rehusó las dádivas de Belsasar a fin de evitar cualquier malentendido de que los servicios de Dios podían ser comprados y para no sentirse obligado al rey (comp. 2 R. 5:15, 16). Antes de interpretar el escrito Daniel reprendió al rey. Empezó por recordar a Belsasar las consecuencias del orgullo en la vida del rey más grande de Babilonia, Nabucodonosor, y concluyó condenando el desafío blasfemo y deliberado de Belsasar al Dios Altísimo. Belsasar se negó a humillarse ante Dios, a pesar de que sabía todo lo que le ocurrió a Nabucodonosor. El malvado rey alabó a sus ídolos sin vida, pero rehusó honrar al Dios viviente que tenía su misma vida (lit., "aliento") y todos sus "caminos" (el curso de su vida) en su mano (v. 23).

La reprensión de Daniel es, pues, aun más comprensible. Belsasar había visto lo que le ocurrió a Nabucodonosor con sus propios ojos, y aun así él había rehusado de forma desafiante humillarse ante el Dios Altísimo.

Daniel concluyó su "sermón" diciendo a Belsasar que la mano fue enviada por el Dios viviente debido a sus acciones blasfemas y desafiantes. Las palabras del viejo profeta demostraron una gran valentía frente a un monarca que tenía poder de vida y muerte sobre él.

Daniel demostró valor al reprender al impío rey por su orgullo e idolatría. Belsasar había actuado neciamente al rechazar al verdadero Dios, especialmente después de haber observado la experiencia humillante del gran Nabucodonosor.

6. La escritura explicada (5:25–28)

En la pared del palacio sólo había escritas cuatro palabras breves: "Mene, Mene, Tekel, Uparsin." "*Mene, Mene*" ("contado, contado", dos veces por énfasis) significaba que Dios había contado los días (ver Sal. 90:12) del reinado del rey y decretado que debían acabar. El gobierno malvado de Belsasar (y su vida) pasaría pronto. "*Tekel*" ("*pesados*") significaba que la vida malvada de Belsasar había sido pesada según la ley moral de Dios, y el rey había sido hallado deficiente en valor moral (ver Job 31:6; Pr. 16:2; 21:2; 24:12). "*Peres*" ("dividido") indicaba que el reino de Belsasar sería dividido por los conquistadores medos y persas.

Honrar a los dioses falsos

Belsasar adoraba a los dioses falsos de Babilonia, pero Daniel le dijo que no había honrado al Dios que tenía su vida y sus caminos en su mano. Con mucha frecuencia hoy las personas honran a los dioses sin vida de este mundo y no tienen tiempo para el Dios viviente, que literalmente tiene su mismo aliento en sus manos.

"Peres"

En los escritos hebreos y arameos antiguos sólo se escribían las consonantes. La palabra *peres* tiene las mismas consonantes que el término arameo traducido "persas". Era probablemente un juego de palabras que sugería que la división del reino sería llevada a cabo por el ejército persa acampado fuera de los muros de la ciudad.

Profecías de la caída de Babilonia

Este capítulo registra el cumplimiento de las profecías que predecían la caída de Babilonia (ver Is. 21:1–10; Jer. 51:39, 57). Dios es fiel y su palabra es digna de confianza. "Cayó, cayó Babilonia" (Is. 21:9).

A causa de la maldad de Belsasar, Dios había decretado el final de su reinado. Los días del rey estaban contados y su reino dividido porque su vida no alcanzaba el nivel de la norma de rectitud de Dios.

7. Exaltación de Daniel y la caída de Babilonia (5:29–31)

Daniel interpretó lo escrito y le fueron dadas las recompensas prometidas por el rey. El no rehusó los dones puesto que recibirlos ahora no podía influir en su mensaje, y de cualquier modo los dones eran insignificantes. ¿Qué tenía de bueno ser el tercer gobernante de un imperio muerto? Esa misma noche la ciudad cayó ante medos y persas y con ella los restos de la dominación de Babilonia. Belsasar fue ejecutado sólo unas horas más tarde. Darío de Media, "de sesenta y dos años", se convirtió en el gobernante de Babilonia.

Más luz sobre el carácter de Belsasar

Fuentes extra bíblicas parecen corroborar el carácter maligno de Belsasar. Registros antiguos parecen indicar que él estaba implicado en el asesinato del rey de Babilonia anterior (probablemente por ambición) y mató a otro hombre en un arranque de celos.

Aquellos que neciamente desafían el poder de Dios verán que no son rivales para el Dios viviente. Los seres humanos pueden acarrear el juicio de Dios sobre ellos mismos por graves pecados.

PREGUNTAS PARA GUIAR SU ESTUDIO

1. ¿Qué pecados cometió Belsasar? ¿Qué pecado acarreó el juicio de Dios sobre él?
2. ¿Cuál era el mensaje escrito en la pared en la sala de banquetes de Belsasar? ¿Cuál era el significado del mensaje?
3. ¿Qué luz adicional arrojan otras fuentes antiguas sobre la caída de Babilonia?

DANIEL 6

VI. DANIEL EN EL FOSO DE LOS LEONES (6:1–28)

"Daniel en el foso de los leones" es una de las narraciones más conocidas de la Biblia y, por esa causa, de toda la literatura. Los acontecimientos relatados aquí tuvieron lugar poco después de que Babilonia hubiera caído en manos de los persas, probablemente dentro del primer o segundo año (539–537 a. de J.C.). Para este tiempo el primer grupo de judíos bajo la dirección de Zorobabel habían probablemente vuelto a Palestina, y Daniel tenía más de ochenta años.

1. El nuevo gobierno (6:1–3)

Darío no perdió ningún tiempo en organizar un gobierno para su recién adquirido imperio, y nombró 120 sátrapas (funcionarios) para gobernarlo. Por encima de los sátrapas había "tres gobernadores" ("presidentes" V.M.), uno de los cuales era Daniel. Los gobernadores vigilaban a los sátrapas a fin de que el dinero de los impuestos fuera colectado adecuadamente y ninguno de estos funcionarios inferiores pudiera robar al rey. Darío se sintió impresionado con Daniel y planeaba ponerlo sobre todos los demás dignatarios del reino.

Daniel fue recompensado por su fiel servicio siendo promovido a un lugar de preeminencia en el nuevo régimen medo-persa.

2. Un complot traicionero (6:4–9)

Debido a que el rey pensaba poner a Daniel sobre todos los sátrapas y gobernadores se despertó la envidia en algunos de los otros

Identidad de Darío de Media

La identificación de Darío de Media (5:31, cap. 6) es incierta, pero se han ofrecido algunas sugerencias. Las dos posibilidades más admisibles son que Darío era el gobernador de Babilonia (Gubaru, también llamado Gobrias, mencionado en algunos textos antiguos), o era un título alternativo para Ciro. Títulos dobles no eran raros. Dado que él era rey tanto de Media como de Persia podía esperarse que Ciro de Persia (cuya madre era meda) hubiera tenido otro título tal como Darío de Media que pertenecía particularmente a aquella parte del imperio. Daniel puede también haber seguido la práctica común judía (ver Esd. 10:3; Talmud; Mishna) que reconoce a un niño de acuerdo con la descendencia materna (en este caso, media). Además, Darío de Media tenía sesenta y dos años de edad (5:31), la edad aproximada de Ciro cuando cayó Babilonia en 539 a. de J.C.

funcionarios. Trataron de encontrar alguna falta en el carácter de Daniel o en su capacidad profesional, pero no encontraron ninguna. Desde luego no todos los 120 sátrapas formaron parte de este plan, y el número fue probablemente de un puñado de ellos. Sin embargo, los otros dos gobernadores estaban complicados. Estos oficiales envidiosos llegaron a la conclusión de que había un solo campo en que podrían encontrar un conflicto entre Daniel y el gobierno persa: en el campo de su religión ("la ley de su Dios").

Tramaron un complot para privar a Daniel del favor que tenía ante el rey. Los funcionarios envidiosos animaron a Darío a promulgar un decreto por el que nadie debía orar a ningún dios ni hombre excepto al rey durante treinta días. Por este decreto el mismo Darío no sería proclamado dios, pero durante este período de treinta días actuaría como mediador de los dioses para todas las naciones sujetas a él. En sus papel de mediador, las oraciones a los dioses serían elevadas a través del rey en lugar de por medio de los sacerdotes.

Dicha ley pudo ser permitida por razones políticas. Pudo ser usada como una prueba de lealtad al nuevo gobierno de Darío, porque de esta manera los súbditos de Babilonia reconocerían la autoridad de Persia (y sus deidades). Quienes quebrantaran la ley serían arrojados en un foso de leones donde serían despedazados y devorados.

Una vez firmado, el decreto por Darío no podía ser revocado ni modificado.

Algunos de sus colegas funcionarios del gobierno prepararon una trampa para atrapar a Daniel forzándole a desobedecer al rey a fin de permanecer fiel a su fe. La elección de Daniel sería obedecer la ley de su Dios o la ley de los hombres ("las leyes de medos y persas").

3. La acusación y condena de Daniel (6:10–18)

(1) Fidelidad de Daniel (6:10)

Daniel era un hombre de valor y convicción. Incluso cuando oyó que se había promulgado la ley, no cambió su comportamiento religioso. El fue a casa, entró en su aposento alto, abrió las ventanas que daban a Jerusalén y oró al Señor su Dios. La costumbre de Daniel era orar tres veces al día, evidentemente mañana, mediodía y tarde (ver Sal. 55:17). La cuestión aquí no es un pecado positivo que Daniel no cometería sino un deber positivo que él no omitiría.

(2) La acusación contra Daniel (6:11–15)

Los funcionarios empezaron a espiar a Daniel y pronto observaron lo que habían estado esperando: Daniel orando a su Dios. Inmediatamente informaron del comportamiento de Daniel al rey.

Cuando el rey oyó los cargos contra Daniel, "le pesó en gran manera". Sin embargo, Darío no estaba disgustado porque Daniel hubiera estado orando (como demuestran las acciones posteriores del rey), sino porque por primera vez se dio cuenta del propósito auténtico de la ley. No era para honrarle a él sino para eliminar a un rival de los funcionarios envidiosos. El monarca comprendió que había sido engañado por estos hombres malos. El que Daniel era bien querido

Servicio de calidad recompensado

Daniel llevaba a cabo un servicio de calidad en su cargo en la corte. Su dedicación fue recompensada por Nabucodonosor y Darío. Los cristianos deben ser empleados leales y responsables, mostrando respeto y dando a sus patronos un trabajo diario honesto.

No un discípulo secreto

Las convicciones religiosas de Daniel no estaban ocultas. El profeta no era un discípulo secreto, sino que no se avergonzaba de que otros conocieran su lealtad al Dios de Israel. Los cristianos hoy deben estar dispuestos a manifestar su fe en Cristo (ver Mt. 10:32, 33; Ro. 1:16).

Envidia

Como en el relato del capítulo 3, rivales envidiosos intentaron la muerte del inocente. La envidia es un pecado terrible.

por Darío queda claro por el relato, y esto aumentó la aflicción del rey.

Darío hizo investigar los libros de la ley para descubrir si había alguna salida legal para no aplicarla. Evidentemente la ley prescribía que la sentencia debía cumplirse el mismo día del delito, y por ello Darío tuvo sólo hasta la puesta del sol para resolver el dilema.

(3) La sentencia cumplida (6:16–18)
Después de que todos los intentos para salvar a Daniel hubieron fracasado, el rey dio la orden. Daniel fue arrestado y arrojado al foso de los leones. El interés de Darío por su amigo es conmovedor. El rey fue al foso y llamó a voces a Daniel diciendo: "el Dios tuyo, a quien tú continuamente sirves, ¿te ha podido librar de los leones?" El hecho de que Darío creyera que Daniel pudiera salvarse indica que el profeta debía haber contado al rey los grandes milagros que el Dios de Israel había realizado.

Nadie osaría quitar la cadena que contenía los nombres del rey y algunos de sus más altos servidores. Daniel estaba ahora en el foso, y toda posibilidad de escape había sido eliminada. Cuando Darío volvió al palacio, rechazó toda distracción y empezó a ayunar por la seguridad del profeta.

■ *Daniel estaba dispuesto a ser fiel a su Dios*
■ *aunque sabía que ello podía costarle la vida.*

4. La liberación de Daniel (6:19–23)
Al amanecer el rey fue apresuradamente al foso para ver si Daniel había sobrevivido a la noche. La costumbre era que la víctima era perdonada si era torturada y no había muerto al día siguiente.

El foso de los leones

Asirios y persas cazaban leones y los encerraban en jaulas, y así los leones estaban a mano para ejecutar criminales. Este foso puede haber sido simplemente un foso grande natural o construido en el cual eran arrojadas las víctimas.

"La ley de Media y Persia"

Daniel afirma que "la ley de Media y Persia" no podía "ser abrogada" (ver 6:8, 12, 15; Est. 1:19; 8:8). Fuentes seculares confirman el testimonio de Daniel. El escritor antiguo Diodoro de Sicilia, narró el caso de un hombre llamado Caridemo que fue ejecutado bajo Darío III (ca. 336–330 a. de J. C.). Después de ser condenado a muerte, se vio que el hombre era inocente. No obstante, fue ejecutado porque era imposible revocar lo que había sido ordenado por la autoridad real.

Las acciones del rey demuestran que mantenía la esperanza de que el Dios de Daniel podía liberarle, pero su "voz triste" muestra el hecho de que no creía que fuera probable. Un gran placer y una gran sorpresa deben haber colmado el corazón de Darío cuando oyó la voz de Daniel. El explicó que Dios había enviado a su ángel para protegerle de los leones. Probablemente éste no era un ángel común, sino el mismo Dios. En muchos pasajes del Antiguo Testamento, el ángel del Señor es equiparado con la deidad (ver Gn. 16:11–14; Jue. 6:11–26).

Cuando Daniel salió del foso no hallaron señal de lesión en él. La razón para la liberación milagrosa de Daniel se especifica: "Había confiado en su Dios."

Orar hacia Jerusalén

La práctica de orar hacia Jerusalén estaba sin duda basada en las prescripciones de Salomón en 1 Reyes 8:35, 38, 44, 48 dadas en la dedicación del templo (aprox. 960 a. de J. C.). Jerusalén era el lugar en que se levantó el templo de Salomón y este edificio había simbolizado la presencia del Dios de Israel.

Durante la crisis de Daniel, Dios estaba con él. El profeta fue librado por gracia a causa de su fe en Dios.

5. Los resultados (6:24–28)

(1) Los acusadores de Daniel son castigados (6:24)

La integridad de Daniel había sido rehabilitada por el mismo Dios. Ahora el rey ordenó que aquellos que habían "acusado" al profeta fueran arrojados al foso de los leones. Daniel había sido culpable de quebrantar la ley, pero había sido acusado falsamente de deslealtad al rey. Probablemente el número de las personas ejecutadas no fue grande. Presumiblemente sólo los otros dos gobernadores y un puñado de los otros 120 sátrapas estaban involucrados en el plan para matar a Daniel.

Postura en oración

Daniel se arrodillaba para orar (ver 1 R. 8:54; Esd. 9:5; Sal. 95:6), pero en otras ocasiones las oraciones se hacían de pie (ver Gn.18:22; 1 S. 1:26; Lc. 18:13; Mt. 6:5). Orar con las manos extendidas hacia el cielo era también común (Esd. 9:5). La oración en sí es la clave, no la postura en la oración.

(2) El Dios de Daniel honrado (6:25–27)

El rey quedó tan impresionado por este milagro que promulgó un decreto público ordenando a todas las personas en toda la "tierra" que dieran el reconocimiento adecuado al Dios de Daniel. Darío alabó al Señor como "viviente", eterno y poderoso.

(3) Daniel prosperó (6:28)

"Prosperó" significa al parecer que Daniel fue elevado a la segunda posición más alta de la tierra bajo Darío, recibió gran honra entre el pueblo y fue bendecido en lo material. "Durante el reinado de Darío y durante el reinado de Ciro el persa" podría traducirse también, "durante el reinado de Darío, *a saber* el reinado de Ciro el persa." De ser así, Daniel estaba señalando al lector la identificación de Darío el medo: él era Ciro el persa.

El problema de la desobediencia civil

Daniel desafió deliberadamente la ley del país. ¿Cómo puede reconciliarse esta acción con la admonición bíblica de obedecer a la autoridad civil? (ver Ro. 13:1, 2) La Biblia instruye sin duda a los creyentes para que obedezcan a los gobernantes, pero también enseña que hay una ley superior: la ley de Dios. Pedro y los otros apóstoles dijeron a las autoridades judías: "Es necesario obedecer a Dios antes que a los hombres" (Hch. 5:29).

■ *Los hechos poderosos de Dios le dan gloria y*
■ *son testimonio a los incrédulos.*

"Morir es ganancia"

El anciano profeta mostró poco interés por las consecuencias de sus actos. Tenía más de ochenta años de edad y puede haberse sentido como Pablo, cuando siendo ya anciano, se enfrentaba a la muerte: deseando estar en la tierra si era la voluntad de Dios, pero prefiriendo ir al cielo a estar con el Señor (Fil. 1:21–24).

PREGUNTAS PARA GUIAR SU ESTUDIO

1. ¿Quién pudo haber sido Darío de Media?
2. ¿Qué revela el complot de los funcionarios envidiosos acerca de la vida religiosa de Daniel?
3. ¿Estaba justificado Daniel al desobedecer las órdenes del rey? ¿Puede imaginarse una situación en la que creyentes puedan hoy verse forzados a desobedecer a la autoridad civil?
4. ¿Cómo se demuestra la fidelidad en este capítulo?

VII. VISION NOCTURNA DE DANIEL Y SU SIGNIFICADO (7:1–28)

El capítulo 7 es el corazón del libro de Daniel y uno de los pasajes más importantes del Antiguo Testamento. El capítulo es significativo porque marca el punto de giro literario de relatos históricos a visiones, causó un impacto enorme en la literatura judía subsiguiente, y es de gran significación profética. Después de 7:2, con excepción de 10:1, el relato está siempre en primera persona. Como el relato histórico de los capítulos 1–6, las visiones de los capítulos 7–12 se narran en un orden cronológico.

1. Escenario de la visión (7:1)

En el primer año del rey Belsasar, Daniel recibió una visión del Señor. Cronológicamente, la primera visión de Daniel tuvo lugar muchos años antes de los eventos de los capítulos 5 y 6.

- *Daniel y las personas judías pueden haberse sentido recelosos respecto a su futuro bajo el gobierno del malvado Belsasar. Por esta razón Dios puede haber decidido revelar esta visión en el primer año del reinado de este rey, a fin asegurarles que él les protegería y les sostendría.*

2. Detalles de la visión (7:2–14)

(1) Los cuatro vientos y el gran mar (7:2)

Daniel vio cuatro vientos que "combatían en el gran mar". Una comparación de los versículos 3 y 17 indica que el "mar" simboliza la "tierra", y las bestias que surgían de este "mar" fueron interpretadas más tarde en este capítulo como

El primer año de Belsasar

Según los antiguos registros babilónicos, Nabonido confió el reino a su hijo y dejó Babilonia en su tercer año (553 a. de J.C.). Daniel consideraba probablemente que el primer año de Belsasar había empezado en ese tiempo.

grandes reinos "terrenales". Es más, en el simbolismo bíblico el mar regularmente significa los pueblos o naciones de la tierra (ver Is. 17:12, 13; 57:20; comp. Ap. 13:1 con 13:11 y Ap. 17:1 con 17:15). Así, los pueblos de la tierra se presentan como un gran mar de humanidad en un estado constante de agitación, caos y alboroto, una descripción adecuada del mundo de hoy.

El número "cuatro" representa los cuatro puntos cardinales de la tierra y significa que la destrucción provocada por los "vientos" tormentosos es universal. En este contexto, los vientos parecen indicar factores de todas clases que producen los disturbios entre las naciones de la tierra a través de la historia. Los juicios de Dios están involucrados, pero el conflicto descrito primariamente es el resultado de las actividades de personas que no conocen a Dios y de la obra de las fuerzas de Satanás en la humanidad.

(2) Bestias del mar (7:3)

En el versículo 17 el ángel explica que las "cuatro bestias" simbolizan "cuatro reinos". Son los mismos imperios representados por los cuatro metales de la estatua en el capítulo 2: Babilónico, Medo-Persa, Griego, Romano. Tanto los animales en sí como los imperios descritos por ellos eran "diferentes", en tamaño, poder y en muchas otras cosas.

(3) El león (7:4)

El primer animal tiene el aspecto de un león no común (ver Ap. 13:2) porque tenía largas alas como las de un águila. Al ser nombrado primero correspondía adecuadamente a la primera parte de la estatua (la cabeza de oro), manifestado específicamente para simbolizar Babilonia (ver Dn. 2:38). El significado del simbolismo en la última parte del versículo 4 es generalmente entendido como se explica en las descripciones de Nabucodonosor presentadas en el capítulo 4. Las alas del león arrancadas hablan de la locura y pérdida de poder del rey, mantenerse sobre los pies y recibir un corazón (mente) humano señalan el gobierno humanitario de Nabucodonosor después de su locura, y el león "levantado del suelo" indica que fue Dios quien elevó al rey a su posición de honor.

(4) El oso (7:5)

Medo-Persia siguió a Babilonia como el siguiente gran imperio, y el "oso" fue el símbolo adecuado de ese reino distinguido por su gran tamaño y fiereza en la batalla. "Tres costillas" en la boca del oso representan las conquistas del imperio, probablemente los tres triunfos mayores de Medo-Persia: Babilonia (539 a. de J.C.), Lidia (546 a. de J.C.) y Egipto (525 a. de J.C.). El dominio persa se extendía desde Egipto y el mar Egeo al oeste hasta el río Indo al este.

(5) El leopardo (7:6)

Después fue Grecia la que dominó el mundo. Dos características destacadas del leopardo —un animal de presa— son la velocidad y una insaciable sed de sangre. "Cuatro alas" en la espalda del leopardo aumentaban la velocidad de esta bestia ya veloz. Grecia (bajo Alejandro Magno) está adecuadamente representada por este leopardo volador porque sus conquistas fueron llevadas a cabo con la velocidad del rayo, y tenía una insaciable avidez por más territorios. Según la leyenda, Alejandro lloró porque no había más tierras por conquistar. En la Biblia "cabezas" pueden representar gobernadores o gobiernos (ver Dn. 2:38; Is. 7:8, 9; Ap. 13:3, 12), y ese es el significado aquí. Daniel predijo que este imperio (el leopardo) se dividiría finalmente en cuatro reinos (cuatro cabezas).

Las cuatro divisiones del Imperio Griego

Alejandro murió el 323 a. de J.C., y después de muchas luchas internas el reino fue dividido en cuatro partes por sus generales. (1) Antipáter y después Casandro, se hicieron con el control de Grecia y Macedonia. (2) Lisímaco gobernó Tracia y una gran parte de Asia Menor. (3) Seleuco I Nicátor gobernó Siria, Babilonia, y mucho del Medio Oriente (toda Asia excepto Asia Menor y Palestina). (4) Tolomeo I Sótero controló Egipto y Palestina.

(6) La bestia no identificada (7:7, 8)

La cuarta bestia era la más "espantosa y terrible" porque era "en gran manera fuerte" y tenía "dientes grandes de hierro" con que "devoraba" su presa. Tenía en su cabeza "diez cuernos" con los que corneaba a sus víctimas, y Daniel señaló más adelante en el capítulo que la bestia tenía garras de bronce. Este animal era "diferente" de los anteriores debido a su gran poder, apariencia fiera y porque era evidentemente más grande de tamaño. No se da ningún nombre a la cuarta bestia porque no se asemejaba a nada que Daniel hubiera visto antes. La cuarta bestia representaba el Imperio Romano que para el siglo segundo a. de J.C. había reemplazado a Grecia como poder dominante del mundo. El poder y la crueldad de Roma están adecuadamente descritos por la cuarta bestia de Daniel.

Los "cuernos" simbolizan usualmente en la Biblia reyes o reinos (ver Ap. 13:1 y 17:12; también Sal. 132:17; Zac. 1:18), y los "diez cuernos" del capítulo 7 se identifican específicamente como "diez reyes" en el versículo 24. Dado que los cuernos salían de la cuarta bestia, estos "reyes" (o "reinos") deben tener una conexión con la antigua Roma.

Daniel vio "otro cuerno pequeño" salir entre los diez. "Pequeño" se refiere al tamaño del cuerno al principio (comp. v. 20). Según el versículo 24, el cuerno pequeño simbolizaba un rey poderoso que subyugaría (derribaría) a tres reyes (cuernos) por la fuerza.

Sería inteligente ("ojos", comp. Zac. 3:9; 4:10; Ap. 4:6; 5:6), arrogante, y desafiaría al verdadero Dios (ver Dn. 7:25). La descripción de este malvado rey futuro de estos versículos coincide con la que se encuentra en otros pasajes bíblicos (ver Dn. 11:36, 37; 2 Ts. 2:3–12; Ap. 13:5, 6). No es otro que la persona más infame de toda la historia humana: el Anticristo.

Una comparación de las bestias con la estatua del capítulo 2

BESTIAS	ESTATUA	INTERPRETACION
León	Cabeza de oro	Babilonia
Oso	Pecho y brazos de plata	Medo-Persia
Leopardo	Vientre y muslos de bronce	Grecia
Bestia sin identificar	Piernas y pies de hierro	Roma

(7) La destrucción de la cuarta bestia (7:9–12)

Una escena aterradora se desplegó ante los ojos de Daniel. El "Anciano de días" (el Dios eterno) ocupó su lugar en el trono y ejerció su prerrogativa como juez supremo del universo. El vestido blanco señala su absoluta pureza moral (ver Is. 1:18; Ap. 1:14). Su cabello blanco es signo de longevidad y un símbolo adecuado para la naturaleza eterna de Dios, ya resaltada en este pasaje por el título "Anciano de días". El *fuego* es frecuentemente representativo de juicio, y el trono de Dios sobre "ruedas" (ver Ez. 1:15–21; 10:9–11) al estar envuelto en llamas representaba la gran ira ("un río de fuego") del Anciano de días derramada sobre los malvados. Una hueste innumerable de ángeles (ver Ap. 5:11) estaba en la presencia de Dios.

"Los Libros"

En las Escrituras "los libros" (v. 10) simbolizan los registros guardados en el cielo de los hechos y pensamientos de cada persona que jamás ha vivido (comp. Ex. 32:32; Dn. 12:1; Lc. 10:20; Ap. 20:12).

Según el versículo 11, el imperio del mal será totalmente aniquilado y su líder juzgado (ver Ap. 19:20). El versículo 12 quiere decir que las otras bestias, los primeros tres imperios, continuaban viviendo porque fueron absorbidos por los reinos siguientes.

(8) El reino de Dios (7:13, 14)

Rodeado por las nubes del cielo, "uno como hijo de hombre" (de apariencia humana) hizo su gran entrada en presencia de los santos y ángeles. El fue presentado al Anciano de Días (la costumbre en cortes reales) y le fue dado un reino eterno. Algunos eruditos han identificado a este "hijo de hombre" como un ángel o una personificación del pueblo de Dios, la nación judía. El punto de vista tradicional es que se trata del Mesías, y el Nuevo Testamento confirma esta interpretación (ver Mt. 24:30; Mr. 14:61, 62; Jn. 12:34). Daniel 7:13 es el versículo que el Nuevo Testamento cita con mayor frecuencia.

Un vislumbre de la Trinidad en el Antiguo Testamento

Dos personas se distinguen en los versículos 13, 14, el "hijo de hombre" y el "Anciano de Días". Si el "hijo de hombre" es Cristo (Mesías), el "Anciano de Días" que es también divino ha de ser Dios el Padre. Aquí, pues, hay un vislumbre de la pluralidad de personas de la divinidad en el Antiguo Testamento. El Hijo fue presentado al "Anciano de Días" para que pudiera recibir el don de su Padre; es decir, un reino universal (comp. Sal. 2:6–9).

■ *Los reinos de la tierra surgirán y caerán,*
■ *pero algún día el reino de Dios vendrá y pon-*
■ *drá fin a todos los gobernadores malignos del*
■ *mundo. El Mesías reinará en este reino.*

3. Interpretación de la visión (7:15–27)

(1) La identificación de las cuatro bestias (7:15–18)

Un ángel explicó a Daniel que las cuatro bestias del mar eran cuatro imperios que surgirían en la tierra. Cuando los cuatro reinos hayan terminado su carrera, vendrá el reino de Dios.

(2) Detalles de la cuarta bestia (7:19–26)

El cuarto imperio (bestia) dominaría el mundo y aplastaría toda resistencia a su gobierno (v. 23)

Sus diez cuernos que representan "diez reyes", procederán del cuarto reino: Roma (v. 24). "Otro rey") (cuerno pequeño) aparecería después de los diez primeros y sería diferente a ellos. El cuerno pequeño (vv. 8, 11, 20–22) había sido identificado como una persona y ahora se interpreta como un rey (gobernante) de los últimos tiempos. Es llamado en la Biblia, entre otros nombres, (" hombre de pecado" (2 Ts. 2:3), el "anticristo (1 Jn. 2:18), y la "bestia" (Ap. 13:1ss.).

El cuerno pequeño será "diferente" de los otros reyes en que será más grande en poder ("a tres reyes derribará"), inteligencia (simbolizada por los ojos) y arrogancia (hablará palabras jactanciosas). En los últimos días gobernará la confederación de diez naciones (reyes). Evidentemente tres de los diez reyes se resistirán a su poder y serán conquistados por la fuerza; los otros entonces se someterán. Este gobernante malvado también blasfemará contra Dios (v. 25 ver Ap. 13:5, 6 y "vencerá" a los santos (ver v. 21; Ap. 13:7).

El anticristo intentará abolir las fiestas religiosas ("cambiar los tiempos") y la religión ("la ley"). Negar la libertad religiosa es característico de los dictadores (p. ej. Antíoco IV, Nerón, Domiciano, Stalin, Hitler). Perseguirá a los santos por un "tiempo, y tiempos, y medio tiempo" (v. 25). La mayoría de los eruditos interpretan esta frase como tres años y medio, aunque algunos lo entienden como un período indefinido.

La condena del anticristo y la destrucción de su imperio se presenta en el versículo 26. Esto ocurrirá cuando el "hijo de hombre" (Dn. 7:13) vuelva del cielo con sus santos ángeles y establezca su reino.

Una confederación de diez cuernos

En el libro de Apocalipsis (particularmente los caps. 13 y 17), el apóstol Juan describe también una confederación de diez cuernos dirigida por una bestia. Ambos reinos son opuestos a Dios y los líderes de cada uno de ellos blasfeman contra su nombre (ver Dn. 7:25; Ap. 13:1, 5, 6).

"Vencer"

"Vencer" es la traducción de una palabra aramea que significa literalmente "consumir" o "desgastar", como se desgasta una prenda de vestir. Los creyentes serán acosados hasta que sus vidas lleguen a ser miserables. La libertad religiosa será abolida (Dn. 9:27), y la presión económica será aplicada para forzar a los ciudadanos a seguir a este gobernante y rechazar la religión (ver Ap. 13:16, 17).

(3) El reino de Dios (7:27)

Cuando el cuarto imperio en su fase final sea destruido, llegará el reino eterno de Dios. Habrá paz universal y prosperidad. Los "santos" reinarán con el Rey del reino ("hijo de hombre") que será adorado por todos.

■ *Los reinos terrenales dominan este tiempo presente, pero algún día vendrá el reino de Dios. Cristo será entonces honrado y adorado universalmente.*

4. El efecto de la visión de Daniel (7:28)

Daniel fue "turbado" porque había visto muchas cosas espantosas: reinos levantándose y cayendo, un tirano diabólico y la persecución de los santos. Además, él no sabía cuándo ocurriría esto.

■ *La incertidumbre en cuanto al futuro puede ser turbadora, pero nosotros podemos confiar en Dios.*

PREGUNTAS PARA GUIAR SU ESTUDIO

1. ¿Cuándo recibió Daniel su primera visión? ¿Por qué dio Dios esta visión a Daniel en este tiempo en particular?
2. ¿Qué simbolizan las cuatro bestias que surgen del mar?
3. ¿Quién es el "hijo de hombre"? Describa su reino.
4. ¿Quién es el "cuerno pequeño"? Describa su carácter, acciones y juicio.
5. ¿Por qué fue turbado Daniel por lo que había visto en la visión? ¿Debe asustarnos el estudio de la profecía?

"Tiempo, tiempos, y la mitad de un tiempo"

En Daniel 12:7 encontramos esta misma frase y se toma aproximadamente por los 1.290 días de 12:11 y los 1.335 días de 12:12, estando ambos números justo por encima de los tres años y medio. La frase aparece también en Ap. 12:14; y la duración de este período se explica en 12:6 como 1.260 días: tres años y medio (comp. Dn. 4:16; 9:27: Ap. 11:2; 13:5).

Repetición del mensaje

La visión del capítulo 7 es paralela a la imagen del sueño del capítulo 2. La revelación de los cuatro reinos en Daniel fue probablemente presentada en dos formas para subrayar la certidumbre de esta sorprendente profecía.

VIII. VISION DEL CARNERO, EL MACHO CABRIO, Y EL CUERNO PEQUEÑO (8:1–27)

Daniel informa en este capítulo de su segunda visión donde una vez más se usan animales para simbolizar imperios. En el capítulo anterior, Dios había dado una visión previa de la historia del mundo con énfasis en los últimos tiempos. El pueblo de Dios necesitaba también ser advertido de otra crisis que tendría lugar en menos de cuatrocientos años después del tiempo de Daniel: Las persecuciones de un demente llamado Antíoco IV Epífanes (175–163 a. de J.C.). Sería uno de los períodos más horribles de la historia para los creyentes judíos, un tiempo en que la misma existencia de la religión verdadera estuvo amenazada. Dios sabía que para estos breves —sólo unos pocos años— pero extremadamente duros días su pueblo necesitaría una revelación sobrenatural para animarle a hacer frente a su "gran tribulación".

1. El contexto general (8:1, 2)

La segunda visión de Daniel tuvo lugar en el tercer año del reinado de Belsasar (aprox. 550 a. de J. C.). Por este tiempo Ciro estableció el Imperio Medo-Persa, destinado a acabar con la supremacía babilónica en sólo doce años. El mundo entero estaba observando ansiosamente para ver lo que haría Ciro. Posiblemente, Dios dio la visión en este tiempo para asegurar a Daniel que los judíos sobrevivirían como pueblo mucho después de que Ciro (y Belsasar) hubiera desaparecido de la escena.

Daniel puede haber estado físicamente presente en la ciudad fortificada de Susa o puede simplemente haberse visto a sí mismo allí en visión, probablemente lo último (ver Ez. 8–11; 40–48). El Ulai era un canal artificial de unos doscientos setenta y cinco metros de ancho que fluía cerca de Susa al nordeste. Hoy el canal está seco.

"Susa"

Susa significa "lirio" y era una ciudad situada como a unos 350 kilómetros al este de Babilonia y doscientos cuarenta al norte del Golfo Pérsico (en el moderno Irán). En el tiempo de la visión de Daniel, era la capital de Elam, y posteriormente se convirtió en una de las ciudades reales de Medo-Persia. Darío I construyó un hermoso palacio allí. En 1901 los arqueólogos descubrieron en Susa el famoso código de Hamurabi. Tanto Ester como Nehemías vivieron en esta ciudad (ver Est.1:2; Neh. 1:1).

Como en la visión del capítulo 7, Dios puede haber revelado esta visión para asegurar al pueblo judío que a pesar de los acontecimientos del mundo inestable ellos sobrevivirían.

2. *Contenido de la visión (8:3–14)*

(1) El carnero (8:3, 4)

Daniel vio, junto al canal, "un carnero" con dos cuernos (uno más largo que el otro). En el versículo 20 el ángel Gabriel interpreta el carnero como el imperio Medo-Persa. Los dos cuernos denotaban sus dos divisiones, Media y Persia. El cuerno que creció después y se hizo más grande significaba la división persa del imperio que empezó con menos fuerza, pero después se hizo más poderoso que Media.

Medo-Persia hizo la mayoría de sus conquistas hacia el oeste, norte y sur. Hacia el oeste sometió a Babilonia, Siria, Asia Menor e hizo incursiones sobre Grecia; hacia el norte: Armenia, Escitia y la región del mar Caspio; hacia el sur: Egipto y Etiopía.

Dominio persa

Antes de que Ciro llegara al poder Media era ya una potencia importante, pero Persia era un país pequeño con un territorio de menos de 130.000 kilómetros cuadrados. Ciro consiguió apoderarse del control de la poderosa Media al norte (aprox. 550 a. de J. C.) e hizo de Persia el más importante de los dos estados.

(2) El macho cabrío (8:5–8)

En el versículo 21, Gabriel identifica al macho cabrío como símbolo del imperio griego y el cuerno "grande" como su primer rey (Alejandro Magno). Al venir "del lado del poniente" señalaba la posición de Grecia con relación a Medo-Persia. "Sobre la faz de toda la tierra" significa que Alejandro conquistó el mundo de su día, y el macho cabrío, y su velocidad al cruzar toda la tierra "sin tocar tierra" habla de la rapidez de sus conquistas

Los "cuatro cuernos notables" son las cuatro divisiones del imperio griego que se desarrollaron a la muerte de Alejandro (ver 7:6 para discusión).

(3) El cuerno pequeño (8:9–14)

De una de las divisiones del imperio griego surgió un rey ("cuerno") de especial significado (v. 9). Este "cuerno" simbolizaba al octavo gobernante del imperio seléucida griego, Antíoco IV Epífanes (175–163 a de J.C.) Antíoco IV fue particularmente importante a causa de sus abusos contra los habitantes de Palestina, y por esa razón recibió atención especial en el libro de Daniel (ver 11:21–35). Tuvo un principio insignificante ("pequeño") pero se hizo muy poderoso. Hizo conquistas notables "al sur" (Egipto), "al oriente" (Persia, Partia, Armenia), y la "tierra gloriosa" (Palestina). Palestina es llamada "gloriosa" (ver Dn. 11:16, 41; Jer. 3:19) a causa de su significación espiritual.

Antíoco persiguió a los santos judíos ("estrellas", "ejército"; interpretados en el v. 24; comp. 12:3), blasfemó contra su Dios ("Príncipe de los ejércitos"), detuvo el "continuo sacrificio", profanó el templo con un altar idolátrico a Zeus e intentó destruir las escrituras hebreas ("verdad"). Hizo ejecutar a miles de judíos que se resistieron a sus reglamentaciones injustas. En diciembre de 167 a. de J. C. Antíoco cometió el acto cumbre de su sacrilegio contra la religión judía al erigir un altar a Zeus en el recinto el templo y sacrificar cerdos sobre él (ver 1 Mac. 1:37, 39, 44–47, 54, 59; 2 Mac. 6:2–5).

Alejandro Magno

Alejandro fue uno de los grandes estrategas militares de la historia. Nació en el 356 a. de J.C., hijo de un gran conquistador por derecho propio, Filipo de Macedonia. Filipo había unido Grecia con Macedonia y planeaba atacar Persia cuando fue asesinado. Alejandro, educado bajo el famoso Aristóteles, tenía sólo veinte años en 336 a. de J.C. cuando sucedió a su padre como rey. Año y medio después (334 a. de J. C.) lanzó sus ataques y en diez cortos años, a la edad de treinta y dos años, había conquistado todo el Imperio Medo-Persa, incluidas Siria, Palestina, Egipto y los territorios de oriente hasta la frontera de la India. Murió de unas fiebres en Babilonia en el 323 a. de J.C.

Un "santo" preguntó a otro: "¿Hasta cuándo durará la visión...?" Con esto el ángel quería decir, ¿hasta cuándo estará abolida la adoración en el templo y continuará la persecución descrita en la visión de Daniel? La contestación fue que pasarían 2.300 tardes y mañanas antes de que el templo fuera "purificado", y con ello llegaría el final de la persecución. El tiempo en cuestión podría comprender un total de 1.150 días, puesto que 1.150 sacrificios de tarde y los 1.150 sacrificios de mañana (dos sacrificios cada día) equivalen a un total de 2.300. Este método de cálculo da por resultado un período de poco más de tres años (ca. 167–164 a. de J. C.).

Los judíos de hoy celebran la fiesta de Hanukah (dedicación) para conmemorar este acontecimiento trascendental.

Probablemente las 2.300 tardes y mañanas representan un total de 2.300 días puesto que en el uso del Antiguo Testamento tarde y mañana especifican un día (ver Gn. 1). En tal caso el período a la vista se extendería a seis años y casi cuatro meses (ca. 170–164 a. de J.C.). El período general de persecución bajo Antíoco empezó alrededor de 170 a. de J.C. y concluyó cuando Judas Macabeo limpió y consagró de nuevo el templo el 14 de diciembre de 164 a. de J.C. (comp. 1 Mac. 4:52).

1, 2 Macabeos

Los libros apócrifos 1, 2 Macabeos contienen el relato de las persecuciones del pueblo judío bajo Antíoco IV (ver 1 Mac. 1–6; 2 Mac. 4–9).

Dios reveló que el pueblo judío pasaría por un tiempo de sufrimiento. Esta sorprendente profecía dada con siglos de anticipación a la crisis sería un aliciente sobrenatural para la fidelidad. Se les aseguró que Dios les liberaría.

3. Interpretación de la visión (8:15–26)

(1) El intérprete (8:15–18)

La imponente figura que estuvo en pie ante Daniel (v. 15) puede haber sido un ángel, pero probablemente esto fue una teofanía, una aparición de Dios. Daniel no parece temer a los ángeles (ver Dn. 7:16), ni siquiera a Gabriel (ver 9:21ss.), pero en el versículo 17 muestra un gran terror. Tal miedo es característico de aquellos que se han encontrado en la presencia del Dios santo (comp. Is. 6:5. Ez. 1:28; Ap. 1:17).

"Entre las riberas del Ulai" (v. 16) describe a este ser en el aire "sobre las aguas del río" por encima del centro del río (ver Dn. 12:6, 7).

La frase "el tiempo del fin", debe entenderse en su contexto. A veces se refiere al fin de los tiempos (11:40; 12:4), pero aquí parece hablar del fin de los acontecimientos profetizados en este capítulo: La persecución de los judíos por Antíoco y su subsiguiente liberación.

Gabriel

El versículo 16 contiene el primer caso de un ángel bueno designado por nombre. Gabriel es un ángel destacado, que también se apareció a Zacarías, que fue el padre de Juan el Bautista (ver Lc. 1:19) y a María (ver Lc. 1:26). Miguel (ver 10:13, 21; 12:1; Judas 9; Ap. 12:7) es el único otro ángel bueno nombrado en la Biblia.

(2) La interpretación (8:19–26)

"El fin de la ira" señala el espacio de tiempo en el que Antíoco y los israelitas infieles del período macabeo serían juzgados. Gabriel identificó al "carnero que tenía dos cuernos" como el Imperio Medo-Persa (v. 20), el macho cabrío como el Imperio Griego, y el cuerno largo del macho cabrío como el primer rey del Imperio, Alejandro Magno (v. 21). El versículo 22 significa que Alejandro moriría y el Imperio Griego sería dividido en cuatro partes (ver Dn. 8:8). ninguno de estos cuatro reinos alcanzaría nunca el poder del imperio de Alejandro.

Los versículos 23–26 son el corazón de la visión, y de las razones para la revelación a Daniel. Antíoco IV surgiría de una de las divisiones del Imperio Griego (seléucida) y hacia el final de su dominio. Los "transgresores" es mejor considerarlos como judíos que han abandonado a su Dios. Antíoco sería cruel ("altivo"), dado a la "intriga" política, poderoso, "causará grandes ruinas", tendrá éxito, "destruirá" mu-

"Hijo de hombre"

En 8:17 "hijo de hombre" no es lo mismo en el lenguaje original que en 7:13 y tiene diferente significado. Aquí la expresión hace hincapié en la debilidad y mortalidad de Daniel, *'adam* ("hombre") denotando que es de la tierra, terrenal (un simple mortal). En Ezequiel el término es usado aproximadamente cien veces en este sentido.

chas vidas humanas será falso, engañador y blasfemo ("se levantará contra el Príncipe de los príncipes"), y perseguiría a los santos (vv. 23–25). "No con fuerza propia" (v. 24) probablemente alude a Satanás, que inspiraría a este rey malvado. El sería "quebrantado" por Dios ("no por mano humana").

Gabriel tranquilizó a Daniel diciéndole que la revelación era "verdadera" y sería cumplida (v. 26). Los documentos antiguos eran sellados para su conservación, y esta es la idea aquí. Daniel fue instruido para que tomara medidas a fin de asegurarse de que el contenido de la visión fuera accesible a generaciones venideras (ver Dn 12:4). Antíoco IV vivió casi cuatrocientos años después de Daniel ("el tiempo del fin").

- *Se acercaba un tiempo difícil para los judíos,*
- *pero Dios prometió que les liberaría.*

Muerte de Antíoco

Según 1 Macabeos 6:1–16, Antíoco murió (el 163 a. de J.C.) de tristeza y remordimientos en Persia, después de ser derrotado en el sitio de la ciudad de Elimaida, y haber recibido información de que sus tropas habían sido puestas en fuga por los judíos en Palestina.

Ver 2 Macabeos 9:1–28; *Antigüedades*, de Josefo 12. 9. 1.

4. El efecto sobre Daniel (8:27)

Daniel era bastante mayor y sufrió una grave reacción emocional y psíquica ante la visión. A continuación se levantó de la cama en que había estado enfermo y atendió "los negocios del rey". Daniel no captaba todavía el pleno significado de todo lo que había visto y oído. Por ejemplo, cuándo ocurrirían estas cosas y quién era este rey malvado que oprimiría a su pueblo.

Antíoco IV ha sido llamado el "Anticristo del Antiguo Testamento" y puede incluso ser un tipo del anticristo futuro. Hay paralelos chocantes entre las vidas de estos dos individuos. Por ejemplo, ambos son simbolizados por cuernos pequeños o insignificantes al principio (7:8; 8:9), tenían gran poder (8:24; 11:39; 2 Ts. 2:9;

Ap.13:7, 8), reciben poder de Satanás (8:24; 2 Ts. 2:9; Ap. 13:2), persiguen a los creyentes (8:24; 7:21, 25; Ap. 13:7), engañan (8:25; 2 Ts. 2:9; Ap. 13:4, 14; 19:20), son orgullosos (8:25, 7:8, 11, 20, 25; 2 Ts. 2:4; Ap. 13:5), blasfeman contra Dios (8:25; 7:25; 11:36; 2 Ts. 2:4; Ap. 13:5, 6), y no son muertos por mano humana (8:25; 2 Ts. 2:8; Ap. 19:19, 20).

Daniel entendió mucho de la visión, pero había mucho que todavía no estaba claro. Nuestra comprensión de la profecía es similar. No entenderemos muchos detalles de la profecía hasta que el tiempo esté cerca.

PREGUNTAS PARA GUIAR SU ESTUDIO

1. ¿Qué significaban el carnero y el macho cabrío en la visión de Daniel?
2. ¿Qué vida de rey malvado se describe en este capítulo?
3. ¿Cómo se llama el primer ángel santo mencionado en la Biblia?
4. ¿Cuál era la significación de esta visión para el pueblo judío?

DANIEL 9

IX. VISION DE LOS SETENTA SEMANAS (9:1–27)

Aunque el mensaje revelado a Daniel en este capítulo es llamado "visión" (ver v. 23), Daniel no vio animales surgiendo del mar, ni carneros y machos cabríos como en las dos visiones anteriores. Tampoco apareció Gabriel en visión sino en forma corporal. Por lo tanto, la "visión" del capítulo 9 puede considerarse más como una revelación profética (ver Pr. 29:18; Abd. 1; Nah. 1:1; Hab. 2:2).

Daniel 9 contiene el registro de la oración del profeta a favor del pueblo del pacto, Israel, y la respuesta de Dios a esa oración. Principalmente por esta razón, el nombre del pacto, SEÑOR (Jehová o Yahveh), aparece en este capítulo (siete veces), a pesar de que no se encuentra en ningún otro lugar del libro.

"Señor"

Daniel dirigió su petición al "Señor". Señor es la traducción de la palabra hebrea "Yahveh" o "Jehová", el nombre particular del Dios de Israel. El nombre Yahveh era asociado al principio con el Dios clemente de Israel, guardador del pacto (ver Ex. 6:2–8), y el uso que hace Daniel del nombre sería en sí mismo un recordatorio a Dios de su relación con su pueblo. A Yahveh se le iba a pedir que mantuviera las promesas de pacto que había hecho a Israel.

1. Ocasión de la visión: Oración de Daniel (9:1–19)

Estos versículos registran una de las oraciones verdaderamente grandes de la Biblia. Es un modelo excelente para los creyentes de hoy al acudir al trono de la gracia de Dios.

(1) Circunstancias de la oración (9:1, 2)

Daniel recibió esta revelación en el primer año de Darío de Media (aprox. 538 a. de J.C.) unos doce años después de su segunda visión (cap. 8). El profeta debería tener entonces más de ochenta años de edad. Si Darío era otro nombre de Ciro (ver comentario en 6:1), Asuero era un título aplicado a su padre.

Al estudiar las Escrituras, Daniel observó la predicción de Jeremías de que Judá volvería del exilio babilónico después de setenta años (Jer. 25:11, 12; 29:10). El período de cautividad empezó con la primera deportación el 605 a. de J. C. y terminó cuando volvieron los judíos no mucho después de 539 a. de J. C. Habían pasado aproximadamente setenta años. Esta fue una profecía sorprendente. Otros tres asuntos dignos de notarse pueden observarse en el versículo 2. Los escritos de Jeremías eran "la palabra del Señor", eran ya considerados como Escritura, y Daniel creía en la realidad de la profecía que predecía.

(2) Forma de la oración (9:3)

Daniel oró fervientemente con determinación en su corazón. En "ayuno" demostrando a Dios su interés profundo, vestido de "cilicio" (vestido áspero de saco) y sentado sobre "ceniza" que eran expresiones de humildad que acompañaban comúnmente al ayuno (comp. Est. 4:1–3).

(3) Contenido de la oración (9:4–19)

La oración de Daniel contiene muchas semejanzas con pasajes anteriores del Antiguo Testamento, especialmente Deuteronomio, la oración de Salomón en 1 Reyes 8 y Jeremías. Esta oración es un modelo para los creyentes al acercarse a Dios. Empezó con adoración al Señor (v. 4), siguió con confesión de los pecados personales y nacionales (vv. 5–14), y concluyó con las peticiones del profeta (vv. 15–19). Este es el orden adecuado, porque sólo después de alabar al Señor y confesar los pecados está el creyente calificado para presentar sus peticiones al Dios santo.

Daniel se dirigió al Señor como "mi Dios": la base sobre la que él era capaz de aproximarse al Señor con sus peticiones.

"Pacto de amor"

"El pacto y la misericordia," es literalmente "el pacto y el amor", y la traducción literal parece expresar mejor la idea. Ambos términos son nombres definidos, singulares y por lo tanto se refieren a un "pacto" determinado y a una clase determinada de "amor". Puesto que el objetivo de la oración de Daniel era que los judíos pudieran volver a su tierra y continuar como nación, debe haberse tenido en mente el "pacto" de Abraham, porque fue en este pacto que Dios prometió a Abraham una tierra y una existencia nacional para sus descendientes, Israel (ver Gn. 12:1–3; 15:18–21). El "amor" es ese amor leal de Dios por el cual él cumple fielmente sus promesas a su pueblo, en este caso, las del pacto. Hoy todos lo que han recibido a Cristo han entrado en una relación de pacto con Dios y han experimentado su amor como sus hijos espirituales.

"Pecado"

El verbo hebreo (*chata'*) traducido "pecado" en el versículo 5 significa literalmente "errar el blanco". Por ejemplo, Jueces 20:16 dice que había setecientos soldados de Benjamín que "tiraban una piedra con la honda a un cabello, y no erraban (*chata'*)" el blanco. Hablando éticamente, pecado es errar el blanco, o sea la meta de Dios de vida santa que se requiere de todos los seres humanos (Ro. 3:23). Israel no alcanzó como nación el plan de ser una nación santa.

Los juicios de "maldición y juramento" (v. 11)

En Deuteronomio 28:15ss. están registradas las proporciones de esta maldición. Incluye cosechas pobres, esterilidad, enfermedad, falta de lluvia, derrota ante los enemigos y, la pena más terrible de todas, expulsión de la tierra de Canaán.

ADORACION (9:4B)

Daniel alabó al Señor como "grande", "temido", fiel y amoroso. Amor y obediencia a Dios demuestran que se ha entrado en la familia de Dios.

CONFESION (9:5–14)

Daniel muestra cinco aspectos diferentes del pecado de Israel en lo versículos 5 y 6. Los israelitas habían "pecado", se habían comportado "impíamente", habían sido "rebeldes", se habían "apartado" de los mandamientos y leyes de Jehová y no habían "obedecido" a sus profetas. ¡Vaya acusación!

En el versículo 7 la rectitud del Señor se contrasta con la infidelidad de Israel. Israel fue humillado siendo derrotado por un enemigo y llevado cautivo de su tierra (vv. 7, 8). A pesar de la rebelión de la nación, Dios es misericordioso y perdonador (v. 9). Debido a que Israel había quebrantado la ley de Dios, los juicios prometidos en la ley de Moisés han "caído" sobre la nación (vv. 11, 12).

Daniel declaró que el juicio de Israel era único. Ciertamente otras naciones habían sufrido derrotas y deportaciones, pero sus dioses no eran en realidad dioses (ver Sal. 135:15–17; Is. 44:9ss.). Pero el Dios de Israel era diferente a los dioses de las naciones. El era el Dios verdadero y los judíos eran su pueblo. ¿Cómo podría caer semejante catástrofe sobre el pueblo del Dios del universo?

A pesar de esta calamidad, la nación como un todo no se había arrepentido todavía (v. 13). Dios trajo "el mal" del exilio sobre Judá porque él es "justo" y condena el pecado (v. 14).

PETICION (9:15–19)

En el versículo 15 el profeta recuerda el terrible poder desplegado durante el éxodo de Egipto. Dios había liberado anteriormente a Israel de una situación imposible, y la petición implícita era que lo hiciera una vez más. Daniel pidió a Dios que restaurara tanto Jerusalén (v. 16) como el templo (v. 17). "Haz que tu rostro resplandezca" viene a significar "mira con benevolencia" (ver Nm. 6:25). Daniel oró por la restauración del templo "por amor de ti mismo" (ver v. 19). El templo destruido no era sólo una desgracia para el pueblo de Dios sino también para el mismo Dios. Las naciones pensarían que el Dios de Israel era débil e insignificante y era incapaz de proteger su propio santuario.. La oración de Daniel alcanzó un crescendo apasionado en los versículos 18, 19 al suplicar el profeta por la intervención de Dios a su favor: "inclina... tu oído", "oye", "abre tus ojos", "mira", "oye", "perdona", "presta oído", "hazlo", "no tardes".

- *Daniel alabó a Dios, confesó el pecado y rogó fervientemente para que él restaurara su nación. Sus peticiones estaban basadas en la gran misericordia de Dios.*

2. El mediador de la visión (9:20–23)

Mientras Daniel estaba aún orando (v. 20), apareció súbitamente ante él el ángel Gabriel (v.21).

Gabriel (ver 8:15, 16) es llamado un "hombre" porque apareció en forma humana. Al parecer Gabriel es el ángel principal para la comunicación divina (ver Lc. 1:19, 26, 27). "Volando con presteza" podría traducirse también "en *mi*

"Así está escrito"

En el versículo 13 tenemos el primer caso de la expresión que se hizo tan común en el Nuevo Testamento y en la literatura rabínica: "Escrito está" o "Así está escrito").

Oración intercesora

Daniel intercedió por su nación. Dios ha dado a los creyentes la responsabilidad y el privilegio de interceder por su nación (1 Ti. 2:1, 2).

Perfección sin pecado

Daniel confesó no sólo el pecado de su pueblo sino también su propio pecado (v. 20). El fue uno de los santos más grandes que ha habido, y aun así no podía decir: "Yo he limpiado mi corazón, limpio estoy de mi pecado" (Pr. 20:9). Aun después de que el creyente haya sido salvo, habrá necesidad de confesión de pecados.

extremo cansancio", o algo parecido. Si se adopta la idea de cansancio, debe ser aplicado a Daniel porque un ángel afectado de cansancio es absurdo.

"Muy amado"

Daniel era "muy amado" (v. 23). "Muy amado" es la traducción de una palabra hebrea que describe algo o alguien deseado o tenido como precioso. Una forma plural de la palabra se emplea en el lenguaje hebreo para indicar gran valor. El término se usa para hablar del valor del oro (Ez. 8:27) y vestidos costosos (Gn. 27:15). Así, Daniel era considerado "un tesoro muy preciado" para el Señor, como son todos sus hijos.

¿TIENEN ALAS LOS ANGELES?

Algunos ángeles (p. ej. querubines y serafines) se presentan en la Biblia con alas y volando (comp. Ex. 25:20; Is. 6:2; Ez. 1:6, 11, 19, 24), pero los ángeles aparecen generalmente en forma humana. Gabriel apareció como un "hombre", y los hombres no tienen alas.

La hora del "sacrificio de la tarde" era entre las 3:00 y las 4:00. Ningún sacrificio era celebrado literalmente en Babilonia, pero ésta era usualmente la hora empleada para la oración (ver Esd. 9:5; Sal. 141:2). Cuando Daniel estaba aún orando, el Señor envió a Gabriel con una respuesta (v. 23).

- *La oración sincera llega al corazón de Dios.*
- *El ángel Gabriel fue enviado desde el cielo*
- *con una contestación a la oración de Daniel.*

3. *Esencia de la visión (9:24–27)*

Lo que sigue es una de las más asombrosas profecías de la Biblia.

(1) Período de tiempo (9:24a)

"Semanas" es el término usado tradicionalmente, pero también se puede traducir literalmente el término hebreo por "sietes" que es el que se usa aquí. Se refiere a períodos de siete sin especificar de qué unidades se trata. Los dos puntos de vista más comunes son que se trata de períodos indefinidos o sietes (semanas) de años.

"SIETES" DEL ANTIGUO TESTAMENTO

La audiencia judía de Daniel estaba familiarizada con el concepto de " sietes" de años debido a que la celebración del año sabático estaba basada en esta premisa (ver Lv. 25:1–7; 26:33–35; 2 Cr. 36:21). Por esta razón sietes de años era probablemente el significado de Daniel. Si es así, "setenta sietes" equivaldría a 490 años.

(2) Pueblo (9:24b)

"Tu pueblo" se ha interpretado como refiriéndose a la iglesia. Sin embargo, dado que el pueblo de Daniel eran los judíos y su "santa ciudad" era Jerusalén, la profecía parece referirse a la nación de Israel y a la ciudad de Jerusalén.

(3) Resultados (9:24c)

El propósito de Dios para los "setenta sietes" es conseguir algunas metas maravillosas. El pecado cesará y vendrá un período de "justicia perdurable". La expiación por la maldad sería hecha por Cristo en la cruz. Toda profecía será cumplida. "Ungir al Santo de los santos" puede denotar la unción de una persona o de un lugar santo. Algunos han entendido aquí la unción de Cristo para el ministerio. No obstante, en el total de las treinta y nueve ocasiones en que encontramos la frase "Santo de los santos" (lit. "santo de santos") en el Antiguo Testamento se refiere al tabernáculo del templo. Este lugar "santo de los santos" es probablemente el futuro templo descrito por Ezequiel, el contemporáneo de Daniel (ver Ez. 40–48). Este templo será edificado y consagrado al culto cuando Cristo vuelva.

(4) Principio de los setenta sietes (9:25a)

Los setenta sietes (semanas) comenzarían con una "orden para restaurar y edificar Jerusalén" (destruida por los babilonios en 586 a. de J.C.). La proclamación de Ciro en 538 a. de J.C. (Esd.

1:2–4; 6:3–5) y los decretos de Artajerjes I en 458 a. de J.C. y 445 a. de J. C. (Neh. 2:5–8) han sido sugeridos. El decreto para Esdras en 458 a. de J.C. (Esd. 7:12) parece cumplir los requisitos de la profecía mejor que los otros.

(5) *Acontecimientos de los primeros sesenta y nueve sietes (9:25b–26)*

Durante este período ocurrirían un número de acontecimientos significativos. Jerusalén sería restaurada, pero lo más importante, vendría un ungido ("Mesías") al que se le "quitará la vida". Algún tiempo después de este último evento, Jerusalén y el templo serían destruidos de nuevo durante un tiempo de guerra.

"En tiempos angustiosos" se refiere a las luchas envueltas en la reedificación de Jerusalén durante el gobierno de Nehemías (ver Neh. 4:1ss.; 9:36, 37). Sesenta y nueve sietes (483 años) pasarían desde el decreto para reedificar Jerusalén hasta que el Mesías (ungido) (v. 25) venga y le quiten la vida (v. 26). La declaración de que el ungido moriría y las enseñanzas sobre la persona y obra del Mesías en cualquier otro lugar de la Biblia confirman que esta persona es Jesucristo.

Si el primer decreto de Artajerjes empezó los *sietes*, 483 años después del 458 a. de J.C. nos daría una fecha de 26 d. de J.C., el tiempo del bautismo de Jesús. La unción de Jesús para el ministerio tuvo lugar en este bautismo (ver Mt. 3:16); así él se convirtió en el Mesías en ese momento, una profecía asombrosa.

"Mas no por sí" ("y no será *más* suyo *el pueblo*" VM) significa que cuando Cristo murió parecía haber sido en vano. Sus discípulos le habían abandonado y según todas las apariencias él no había cumplido lo que se había propuesto.

Después de la resurrección, sin embargo, todo esto cambió.

Gabriel había revelado ya a Daniel que Jerusalén sería reedificada después de la destrucción por Babilonia, pero ahora informa al profeta que en algún momento del futuro Jerusalén y el templo volverían a ser destruidos por "el pueblo de un príncipe que ha de venir". Históricamente, la siguiente destrucción de Jerusalén y el templo después del período babilónico fue perpetrada por los romanos en el año 70 d. de J.C.

(6) Acontecimientos del septuagésimo siete (9:27)

Algunos eruditos interpretan el versículo 27 como hablando de la obra de Cristo en el primer siglo. El confirmaría un "pacto" de salvación y haría "el sacrificio y la ofrenda" innecesarios con su muerte en la cruz. Otros creen que este versículo se refiere a las actividades del anticristo, ("el príncipe que ha de venir", v. 26). El versículo significaría que el anticristo hará un "pacto" ("un tratado", ver Gn. 14:13; 21:27, 32; 31:44; Abd. 7) con el pueblo judío para el último "siete" (siete años). A la mitad de este período de siete años detendrá toda actividad religiosa (ver 7:25). Sus atrocidades ("abominaciones") continuarán hasta que el juicio "determinado" por Dios "se derrame" sobre él, en el fin de los tiempos (ver Dn. 7:9–11, 26; 2 Ts. 2:8; Ap. 19:19–21).

NP

A Daniel se le aseguró que su amada Jerusalén y su templo serían reconstruidos. Aun más grandioso, el prometido Mesías aparecería, aunque moriría. Finalmente vendría el reino de Dios, y todas las bendiciones prometidas en el versículo 24 (hechas posibles por la muerte del Mesías) serían cumplidas. Esta profecía debería ser de gran consuelo para los creyentes de hoy.

PREGUNTAS PARA GUIAR SU ESTUDIO

1. ¿Qué podemos aprender de la Biblia en Daniel 9:2?
2. ¿Qué elementos encontramos en la oración de Daniel?
3. ¿Qué grandes metas de la historia se alcanzarán por los acontecimientos de los setenta sietes?
4. ¿Qué acontecimientos proféticos específicos se presentan en 9:24–27? ¿Cómo beneficia a los modernos creyentes el estudio de estos versículos?

DANIEL 10

X. LA VISION FINAL DE DANIEL (10:1–12:13)

La última visión de Daniel registrada abarca desde 10:1–12:13. En esta visión se apareció un ángel al profeta y le reveló la historia de Israel desde el período persa (cuando fue dada la visión) hasta la venida del reino de Dios.

1. Preparación para la visión (10:1–11:1)

(1) Escenario (10:1–3)

La revelación final de Daniel tuvo lugar "en el año tercero de Ciro rey de Persia" (v. 1). Las cuatro visiones (caps. 7–12) aparecen en dos grupos de dos: El primer y tercer años de Belsasar y el primer y tercer años de Ciro. El tercer año de Ciro sería el 536/535 a. de J.C., dos años después de la aparición de Gabriel a Daniel en el capítulo 9, y poco después del primer retorno de los exiliados judíos a Palestina. Por este tiempo tuvo lugar el incidente del foso de los leones, aunque no es seguro si ocurrió un poco antes o un poco después de la visión.

El versículo 1 constituye una declaración general de introducción a la visión, y la tercera persona parece haber sido elegida por esa razón. Daniel intercala su nombre babilónico "Belsasar" para hacer, al parecer, hincapié en que era sin duda el mismo individuo del que se habla anteriormente en el libro.

La visión se refería a "un conflicto grande". "Conflicto" es la traducción de una palabra hebrea que significa "ejército, guerra, conflicto, o servicio". Probablemente todos los conflictos (o actos de guerra) registrados en estos últimos capítulos están comprendidos en la expresión, sean conflictos entre naciones o entre ángeles

Evidentemente, el profeta estaba de nuevo pidiendo sabiduría respecto al futuro de su pueblo, los judíos. A estas alturas los cautivos judíos habían vuelto a Palestina, pero su estado era precario. Las obras del templo habían encontrado la oposición de los samaritanos y es posible que la reconstrucción se hubiera interrumpido ya (ver Esd. 4:5, 24). Esta evolución puede haber llevado al interés renovado del profeta. La

"Afligido"

"Afligido" (v. 2) es un participio en la lengua hebrea que tiene la fuerza de "aflicción continua", un estado de aflicción. La palabra hebrea traducida "afligido" denota aflicción por los muertos (Gn. 37:34), por el pecado (Esd. 10:6), y por una calamidad (Ez. 7:12). Años más tarde Nehemías (Neh. 1:4) "se afligió" por la situación de los judíos que habían vuelto a Palestina, y esto es evidentemente lo que preocupaba tanto a Daniel.

La cuestión del ayuno hoy

El ayuno es un asunto personal entre el individuo y Dios. Es voluntario. No obstante, si gigantes de la fe como Moisés, David, Ester, Daniel, Pablo y Jesús mismo sintieron la necesidad de ayunar, parecería razonable que los santos modernos estuvieran dispuestos a negarse a sí mismos a fin de orar más por el progreso del reino de Dios en el mundo que se halla en profundas tinieblas espirituales.

El río Tigris

El Tigris nacía a varios cientos de kilómetros al norte de Babilonia y corría a través de Babilonia hasta el golfo Pérsico pasando a unos treinta kilómetros de la capital. Por lo tanto, Daniel podría haber estado tan cerca como a treinta kilómetros o tan lejos como a varios cientos de kilómetros de la ciudad de Babilonia. Debido a su edad, probablemente no viajaba a grandes distancias y no estaría lejos de la ciudad.

aflicción de Daniel por la situación de su pueblo incluía oración (v. 12) y ayuno (v. 3; ver también Mt. 9:14, 15).

"Tres semanas" (v. 3) es literalmente "tres sietes de días", añadiendo días para distinguirlos de los "sietes" del capítulo 9. Daniel parece haberse dedicado a una especie de ayuno ("no comí manjar delicado, ni entró en mi boca carne ni vino") más bien que abstenerse de toda clase de alimento durante este período. Aparentemente se mantuvo con pan y agua. Los "Ungüentos" eran usados por los judíos y otros pueblos antiguos para suavizar y refrescar la piel y protegerse del calor.

El ayuno es una disciplina olvidada por la mayoría de los cristianos de hoy, pero era una práctica bíblica. Algunos han asociado el ayuno con el legalismo, pero solamente un ayuno era ordenado en el código legal de la Biblia: El día de la Expiación (ver Lv. 16:29–31).

(2) Visión del ser celestial (10:4–9)

La Pascua se celebraba en "el mes primero" (en el día catorce), y posiblemente la estación del año haya sido un factor para ayunar y orar. Dado que la Pascua fue el tiempo de la liberación de Israel de Egipto, los pensamientos de Daniel pueden haberse dirigido hacia la actual liberación y "éxodo" de los israelitas de Babilonia. Daniel había dejado probablemente la capital a fin de pasar un tiempo ininterrumpido con el Señor. Mientras el profeta estaba "a la orilla del río Tigris ("Hidekel") apareció un ser celestial que inspiraba terror.

Este ser celestial es denominado un "varón" porque apareció en forma humana, estaba vestido con ropas de "lino". Los sacerdotes (ver Ex. 28:42; Lv. 6:10; 16:4) y el ángel de Ez. 9:2, 3,

11; 10:2, 6, 7 (ver Ap. 15:6) se señala específicamente que estaban ataviados de "lino". Aquí lo significativo del lino es su color blanco, siendo el blanco símbolo de pureza (ver Is. 1:18; Dn. 11:35; 12:10). Los santos en el cielo se presentan también vestidos de ropas blancas (ver Ap. 3:5; 6:11; 7:9, 13), y anteriormente en este libro el mismo Dios se describe como vestido de ropas blancas (7:9). El cinturón de oro era llevado por las clases ricas y reales en el antiguo Cercano Oriente. En este contexto, el simbolismo puede sugerir un rey o juez.

Su cuerpo parecía como "berilo", ("crisólito" V.M.); el crisólito es un tipo de piedra preciosa de color amarillo verdoso (ver Ez. 1:16; 10:9). Su cara era tan brillante como un "relámpago", y sus ojos como "antorchas de fuego". Sus "brazos" y sus "pies" relucían como "bronce bruñido", indicando que su cuerpo tenía una apariencia fiera, como metal ardiendo (ver Ez. 1:27). "Sus palabras" resonaban como "el estruendo de una multitud" de personas hablando.

Muchos eruditos de la Biblia han identificado al "varón vestido de lino" como el ángel enviado para dar el mensaje a Daniel (10:10ss.). Otros han sostenido que era Dios, o sea Jesucristo. El que esta persona es divina parece correcto, no sólo a causa del efecto abrumador que su presencia tuvo en Daniel, sino también por la descripción similar de la teofanía (aparición divina) presentada en Ez. 1:26–28 y el paralelo aun más cercano en el retrato de Cristo en Ap. 1:12–16. En Daniel 12:6 este "varón vestido de lino" parecía también tener un conocimiento que trascendía el de otros ángeles, y en 12:7 hizo un juramento divino.

La gloria de Cristo

El simbolismo en Dn. 10:5, 6 describe a Jesús como santo (lino), importante (cinturón de oro), juez (apariencia fiera), glorioso (rostro como relámpago), omnisciente (ojos como de fuego) y autoritativo (voz como una multitud). Puesto que Cristo es el Dios glorioso, todopoderoso, todas las personas deben someterse a él como Señor y Salvador.

"Miguel"

Miguel (cuyo nombre significa "¿Quién como Dios?") aparece en el versículo 13 y también en Dn. 10:21; 12:1; Jud. 9; y Ap. 12:7 en la Biblia. En Judas 9 se le llama el "arcángel" que significa "primer ángel". Miguel fue designado por Dios como príncipe de Israel (Dn. 10:21); era grande en poder y protegía al pueblo judío (comp. 12:1). Dado que Israel tiene tan gran ayuda en el reino celestial, su existencia estaba asegurada porque ningún poder terrenal puede oponerse a este gran príncipe.

Un argumento surgido contra la equiparación de esta persona con la deidad es que el ángel descrito en 10:10ss. es claramente inferior a Dios (ver 10:11, 13). La solución adecuada al problema es que el "varón vestido de lino" y el ángel intérprete introducido en el versículo 10 son personajes diferentes. En el libro de Apocalipsis encontramos un patrón similar. En ocasiones Juan se encontró con el mismo Cristo (Ap. 1:12–20), mientras otras veces fue instruido por un ángel (ver Ap. 17:1–6).

Sólo Daniel fue testigo de la teofanía, aun cuando los hombres que estaban con él sintieron una presencia sobrenatural; sintieron un "gran temor" y "huyeron" (v. 7). Pablo tuvo una experiencia similar cuando se encontró con Cristo en el camino de Damasco (Hch. 9:1–7). Daniel se vio abrumado, conmocionado y cayó inconsciente (v. 9; Ap. 1:17).

(3) La explicación del ángel intérprete (10:10–14)

A diferencia de las dos visiones previas (ver Dn. 8:16; 9:21), el ángel intérprete no se nombra, pero muchos eruditos le identifican como Gabriel. Como en 9:23, se dirige a Daniel como a uno "muy amado" (v. 11). Daniel fue escuchado cuando empezó a orar, pero durante veintiún días "el príncipe del reino de Persia" había impedido a Gabriel traer la contestación al profeta (vv. 12, 13). Al parecer Miguel se vio involucrado porque Daniel estaba intercediendo por Israel, y Miguel se señala específicamente como el "príncipe" de Israel (ver v. 21). Con la ayuda de Miguel, Gabriel consiguió la victoria sobre sus huestes y pudo continuar su viaje.

¿Quién era este "príncipe del reino de Persia" que resistió a Gabriel durante tres semanas?

Primero, debe haber sido un ángel porque ningún príncipe humano podía haberse opuesto a Gabriel. Más aun, el "príncipe" de Israel era el ángel Miguel (10:21), y es razonable suponer que en el mismo contexto el "príncipe"de Persia sería también un ángel. Segundo, en tanto este príncipe se oponía al ángel de Dios, se puede con seguridad asumir que era un ángel maligno: un demonio. Tercero, se le llama "príncipe del reino de Persia", por lo que Persia debería ser su área especial de actividad. Persia gobernaba el mundo de entonces y Satanás habría concentrado sus esfuerzos es esta área de máxima influencia. El conflicto angélico continuó, porque el versículo 20 revela que el ángel bueno volvería a luchar contra este demonio.

"En los postreros días"

"En los postreros días" (v. 14) describe normalmente acontecimientos que ocurrirán inmediatamente antes de la venida del reino de Dios incluyendo esta venida.

La experiencia de Daniel no debe interpretarse como que Dios es débil o que aquellas fuerzas demoníacas tienen poder para frustrar su voluntad. El libro de Daniel enseña en todas sus páginas la soberanía absoluta del Omnipotente, y Dios podía fácilmente asegurar la entrega del mensaje a Daniel en un instante. En la omnisciente sabiduría de Dios y en el plan divino, esta dilación estaba permitida.

Demora en la contestación a las oraciones

Las razones de Dios para demorar la contestación no siempre son evidentes. Muchas veces Dios permite a los creyentes que esperen a fin de enseñarles lecciones valiosas (p. ej. compromiso espiritual, paciencia, fe). También hay ocasiones en que Dios tiene la intención de responder de forma afirmativa a una petición, pero en su sabiduría se demora porque sabe que el tiempo adecuado no ha llegado todavía

La oración de Daniel era una petición de conocimiento respecto al futuro de su pueblo, los judíos, y Dios le concedió conocimiento en cuanto a estas cosas (v. 14).

(4) Daniel es fortalecido para entender la visión (10:15–11:1)

Daniel estaba "enmudecido" por el terror, pero Gabriel le fortaleció (vv. 15–18). El profeta fue señalado de nuevo como alguien "muy amado" (comp. 9:23; 10:11) por el Señor (v. 19).

Entre paréntesis, el ángel anunció que pronto tenía que "volver para pelear contra el príncipe de Persia", una batalla que continuaría durante los doscientos años de gobierno persa (539–331 a. de J.C.). Esta lucha comprendía todas las decisiones y relaciones correspondientes a los judíos durante el período persa (p. e. la reconstrucción del templo, liberación de los judíos durante el tiempo de Ester, permiso para que Esdras y Nehemías volvieran a Jerusalén, y la subsiguiente construcción de la ciudad).

El ángel añadió: "al terminar con él, el príncipe de Grecia vendrá", implicando que también lucharía contra este príncipe. Siguiendo con la identificación del príncipe de Persia mencionado anteriormente, "el príncipe de Grecia" sería un ángel demoníaco. El soporte angélico para el pueblo de Dios sería necesario entonces, porque el capítulo 11 detalla muchas de las luchas de los judíos durante el período griego, especialmente la crisis durante el gobierno de Antíoco IV. "El libro de la verdad" (v. 21) se refiere en sentido figurado al plan de Dios para Israel y el mundo, no simplemente la revelación confiada a Daniel.

Gabriel añadió que no hay nadie para ayudarle en su lucha contra los príncipes de Persia y Grecia "sino Miguel vuestro príncipe". Nadie aparte de Miguel apoyó a Gabriel en su conflicto espiritual: No porque no hubiera nadie disponible sino porque no era necesario ninguno más.

En 11:1 Gabriel dijo que había ayudado a Miguel de alguna forma "en el año primero de Darío el medo" (aprox. 538 a. de J.C., dos años antes de esta visión). Dado que Miguel (el príncipe de Israel) estaba involucrado, el conflicto debía afectar al pueblo judío. El texto no menciona la ocasión de este conflicto en particular, pero parece que tuvo que ver con el decreto de Ciro que permitió a los judíos volver a Palestina. Ciro liberó a los judíos, pero sin que lo supiera el monarca persa las fuerzas angélicas tuvieron una parte en esa decisión.

Daniel oró y ayunó durante tres semanas. Dios hizo honor a esta oración enviando un ángel con una respuesta. Aunque pueda requerir tiempo, Dios siempre contesta nuestras oraciones.

PREGUNTAS PARA GUIAR SU ESTUDIO

1. ¿Es el ayuno una práctica que deberían observar hoy los cristianos?
2. ¿Cuáles son los dos puntos de vista en cuanto a la persona de 10:5, 6?
3. ¿Quién era el "príncipe de Persia"?
4. ¿Qué podemos aprender de los ángeles en Daniel 10?
5. ¿Cómo podemos explicar la demora de Gabriel en llegar a Daniel? ¿Cómo puede entenderse esto a la luz de la omnipotencia de Dios?

2. La visión (11:2–12:13)

En la sección anterior fue introducida la cuarta visión; ahora su contenido —una historia de

Angeles

Daniel 10 nos informa de varios hechos importantes referentes a los ángeles. (1) Los ángeles son reales. (2) Hay ángeles buenos y malos. (3) Los ángeles pueden influir en los asuntos de los seres humanos. (4). Hay una guerra espiritual invisible en marcha que envuelve a ángeles y creyentes (comp. Ef. 6:12). (5) Los ángeles de Dios obran a favor de los santos. Los creyentes se sorprenderían probablemente de saber las muchas acciones llevadas a cabo a favor de ellos (p. ej. protección) por los ángeles del Señor.

acontecimientos clave que conducen hasta el fin— es revelado. El énfasis se pone en las actividades de dos individuos: Antíoco y el Anticristo. Los detalles históricos (revelados con cientos de años de anticipación) presentados en esta profecía son asombrosos.

(1) Profecías referentes a Persia (11:2) Después de Ciro (ver Dn. 10:1) tres reyes (Cambises, Smerdis y Darío I) gobernaron Persia antes de que llegara al poder un cuarto gobernante particularmente significativo. Jerjes I (486–465 a. de J.C.) está claramente identificado como el cuarto rey por la descripción de su gran riqueza y su expedición contra Grecia. Los reyes posteriores a Jerjes no se mencionan, al parecer debido a que los gobernantes persas posteriores no eran pertinentes para el propósito del escritor. La razón más probable para esto es que el contraataque de Alejandro, al que se alude en el versículo siguiente, fue impulsado particularmente por la campaña militar masiva lanzada contra Grecia por Artajerjes I.

(2) Profecías relativas a Grecia (11:3, 4) El "rey valiente" es Alejandro Magno (336–323 a. de J. C.) que provocó la caída del Imperio Persa. La descripción de sus hazañas y su reino son inequívocas. Aun más, Antíoco IV Epífanes, un seléucida gobernante griego, procedía de una de las cuatro divisiones del reino de este rey poderoso (ver vv. 21ss.). Cuando Alejandro murió, sus generales dividieron el imperio en cuatro partes (ver 7:6; 8:8). Los hijos de Alejandro (Alejandro IV y Heracles) fueron asesinados, por lo que ninguna parte de su territorio pasó a "sus descendientes".

Reyes tolomeos y seléucidas en Daniel 11:5–20

Tolomeos	Seleucidas	Referencia
Tolomeo I Sotero (323–285 a. de J.C.)	Seleuco I Nicator (312/11–280 a. de J. C.)	(11:5)
Tolomeo II Filadelfo (285–246 a. de J.C.	Antíoco II Zeos (261–246 a. de J. C.	(11:6)
Tolomeo III Evergetes (246–221 a. de J.C.)	Seleuco II Calínico (246–226 a. de J. C.)	(11:7–9)
Tolomeo IV Filopátor (221–203 a. de J.C.) Tolomeo V Epífanes (203–181 a. de J.C.)	Antíoco III (el Magno 223–187 a. de J. C.)	(11:10–19)
	Seleuco IV Filopátor (187–175 a. de J. C.)	(11:20)

(3) Profecías relativas a Egipto y Siria (11:5–20)

Los versículos 5–20 contienen un relato de los conflictos en curso entre dos divisiones del Imperio Griego, los tolemaicos (egipcios) y los seléucidas (sirios), desde la muerte de Alejandro (323 a. de J.C.) hasta el reinado de Antíoco IV (175–163 a. de J.C.). La revelación estuvo limitada a estas dos divisiones debido a que Palestina, el hogar del pueblo de Dios, se encontraba entre ellos y estaba continuamente envuelta en su historia posterior. Originalmente territorio tolemaico, Palestina cayó bajo control seléucida durante el reinado de Antíoco III (el Magno). El escenario estaba ya preparado para la venida del tirano descrito en los versículos 21–35. En Dn. 11:5–35 "el rey del sur" es una alusión al faraón egipcio y "el rey del norte" al líder seléucida (sirio).

La Septuaginta

Según la tradición, Tolomeo II Filadelfo (11:6) fomentó la traducción de la Biblia hebrea al griego. Esta traducción se conoce como Septuaginta (abreviado LXX). Esta traducción de gran éxito del Antiguo Testamento se convirtió en la Biblia para muchos judíos, particularmente para los que vivían fuera de Palestina. La mayoría de las citas del Antiguo Testamento que encontramos en el Nuevo Testamento son de la Septuaginta.

El ultimátum romano

Cuando el ejército seléucida estaba en marcha para sitiar Alejandría, el general romano Gaius Pompilius Laenas fue al encuentro de Antíoco a seis kilómetros y medio fuera de la ciudad, y le entregó una carta del Senado romano ordenándole que abandonara Egipto o se enfrentaría a una guerra con Roma. Entonces el general trazó un círculo alrededor de Antíoco y le dijo que debía responder antes de poner el pie fuera del círculo. Consciente del poder de Roma por haber sido rehén allí y recordando la derrota sufrida por su padre (Antíoco III) ante las legiones romanas en la batalla de Magnesia, el rey sirio guardó un silencio humillado durante un breve intervalo y accedió a la demanda.

(4) Profecías relativas a Antíoco IV Epífanes (11:21–35)

La información histórica de los versículos 2–20 fue provista a fin de introducir al gobernante griego seléucida Antíoco IV Epífanes (175–163 a. de J. C.), el "cuerno pequeño" del capítulo 8 (ver Dn. 8:9–12, 23–25). Se da mucha atención a este individuo en el libro de Daniel porque sus acciones afectaron profundamente a Israel. La carrera de Antíoco puede dividirse como sigue: Acceso al trono y primera época de su reinado (11:21–24), una descripción adicional de la primera guerra egipcia y subsiguiente persecución de los judíos (11:25–28), la segunda campaña egipcia (11:29, 30a), y persecuciones adicionales de los judíos (11:30b–35).

Antíoco IV es calificado como "un hombre despreciable" por el escritor bíblico porque desde el punto de vista judío era un monstruo. Persiguió a los judíos, mató a miles y representó una de las mayores amenazas para la verdadera religión en toda la historia de Israel. Este monarca arrogante se refería a sí mismo como Epífanes: "el Ilustre"; pero otros le denominaban Epímanes: "el Loco".

Después de su primera campaña egipcia (aprox. 169 a. de J.C.), Antíoco atacó Jerusalén ("pacto santo") y causó estragos en los judíos (v. 28). Masacró ochenta mil hombres, mujeres y niños (2 Mac. 5:12–14) y a continuación saqueó el templo con ayuda del malvado sumo sacerdote Menelao (ver 2 Mac. 5:15–21). En el 168 a. de J. C. Antíoco invadió Egipto de nuevo, pero esta campaña no resultó como la anterior (v. 29). Encontró la oposición de las "naves de Quitim", es decir, la flota romana que había venido a Alejandría a petición de los Tolomeos (v. 30).

En 167 a. de J.C. Antíoco volcó su furia sobre los judíos una vez más (ver 1 Mac. 1:29ss. 2 Mac. 6:1ss). En día sábado las fuerzas sirias atacaron súbitamente, mataron mucha gente y saquearon la ciudad (ver 1 Mac. 1:30–32; 2 Mac. 5:25, 26). Las fuerzas de Antíoco profanaron el templo y suprimieron el sacrificio diario (v. 31).

Los mártires macabeos

La epístola a los Hebreos parece referirse a algunos de los fieles héroes del período macabeo. Que "se hicieron fuertes en batallas, pusieron en fuga ejércitos extranjeros" (He. 11:34) señala evidentemente a las victorias de las fuerzas macabeas. "Otros fueron atormentados, no aceptando el rescate, a fin de obtener mejor resurrección" (He. 11:35) habla probablemente del martirio de una madre y sus siete hijos que fueron torturados de forma horrible y después quemados (comp. 2 Mac. 7:1–41).

Más tarde en 167 a. de J.C. la supresión de la religión judía empezó a gran escala (1 Mac. 1:4ss.; 2 Mac. 6:1ss.). Las prácticas religiosas judías tales como la circuncisión, posesión de las Escrituras, sacrificios y días de fiesta fueron prohibidos bajo pena de muerte (1 Mac.1:50, 63). La profanación de la religión judía llegó al clímax en diciembre del 167 a. de J. C. (1 Mac. 1:54) cuando un altar o una estatua de Zeus Olímpico (Júpiter) fue erigida en el templo ("la abominación desoladora"), y diez días después los sacrificios, probablemente incluyendo cerdos (ver 1 Mac. 1:47; 2 Mac. 6:4, 5), fueron ofrecidos sobre el altar (ver 1 Mac. 1:54, 59).

Pero incluso en este período de tinieblas, había verdaderos creyentes que permanecieron fieles a su Dios (v. 32; ver 1 Mac 1:62, 63). Sobre todo, entre aquellos que resistieron las medidas opresivas de Antíoco estaban los macabeos, la familia de cierto sacerdote llamado Matatías (1 Mac. 2:1ss.). Matatías tenía cinco hijos: Juan, Simón, Judas, Eleazar y Jonatán; tres de los cuales (Judas, Jonatán y Simón) fueron conocidos como macabeos, aunque el término *Macabeus* ("martillo") fue dado originalmente sólo a Judas (1 Mac. 2:4). Los macabeos se sacudieron el yugo de los sirios mediante una serie de brillantes victorias militares contra los generales de Antíoco: Apolonio, Serón, Gorgias y Lisias (1 Mac. 3:10—4:35) entre 166 (o 165) y 164 a. de J.C., y como resultado el templo fue dedicado de nuevo al Señor el 14 de diciembre de 164 a. de J.C. (1 Mac. 4:52). Los versículos 33–35 se refieren a los verdaderos creyentes ("sabios") que permanecerían fieles a pesar de la persecución.

"Pequeño socorro" (v. 34) se refiere a la revuelta macabea que creció y finalmente sacudió el yugo sirio. El propósito de la dura prueba de Israel era limpiar a los individuos y a la nación como un todo de las prácticas pecaminosas y fortalecer su fe. Antíoco IV murió en el 163 a. de J.C. durante una expedición en Persia (1 Mac. 6:1–16: 2 Mac. 9:1–29), poniendo fin tanto a su vida malvada como a sus atrocidades contra el pueblo de Dios.

Valor teológico de Daniel 11:2–35

Esta sección del libro de Daniel no es meramente un registro sin importancia de acontecimientos históricos pasados, sino un rico testimonio del glorioso Dios de los creyentes y de lo digna de confianza que es su palabra. Primero, la realidad y omnisciencia del Dios de la Biblia se demuestra aquí. En los primeros treinta y cinco versículos un erudito ha contado 135 profecías que ya han sido cumplidas y pueden ser documentadas por un estudio de la historia de este período. Segundo, para todos los que viven después de que los eventos predichos han ocurrido, hay confianza de que dado que las profecías anteriores han sido cumplidas, las subsiguientes promesas de liberación y triunfo serán también ciertas. Tercero, el cumplimiento de estas asombrosas predicciones muestra que las Escrituras son producto de una revelación sobrenatural.

Dios dio estas profecías del futuro a su pueblo como un aliciente para la fidelidad cuando llegó la crisis. La profecía de los acontecimientos de los últimos días es un llamamiento a estar preparados.

(5) Profecías referentes a los tiempos del fin (11:36–12:3)

Algunos eruditos sostienen que 11:36–12:3 sigue hablando de la vida de Antíoco IV y su tiempo. Sin embargo, muchos de los datos históricos presentados en esta sección son imposibles de armonizar con la vida de Antíoco. Por ejemplo, Antíoco no se exaltó a sí mismo sobre todos los dioses (vv. 36, 37), ni rechazó los dioses de sus padres, ni adoró a un "dios que sus padres no conocieron" (v. 38); por el contrario, adoró al panteón griego, incluso erigiendo un altar y ofreciendo sacrificios a Zeus en el recinto del templo de Jerusalén.

El contexto indica que este gobernante viviría en los últimos días, inmediatamente antes de la venida del Señor. El versículo 40 revela que las actividades de este rey tendrían lugar "en los postreros días" (ver Dn. 10:14), y la resurrección de los santos tendría lugar inmediatamente después de que Dios libere a su pueblo del poder de este individuo maligno (ver 12:2). Daniel ha descrito anteriormente a esta persona (p. ej. 7:8, 11, 20–22, 24–26) y esperaba que el lector le reconociera sin una introducción. El es el anticristo escatológico, un punto de vista ampliamente aceptado desde tiempos antiguos (p. ej. Jerónimo en el siglo cuarto d. de J.C.).

Daniel predijo que este rey "llegará a su fin" en Palestina (v. 45), pero es un asunto de registro histórico que Antíoco IV murió en Tabes, Persia.

EL CARACTER MALVADO DEL REY (11:36–39)

En los versículos 36–39 se describe al anticristo como soberbio, blasfemo (ver 7:8, 11, 20, 25; 2 Ts. 2:4; Ap. 13:5, 6), con éxito, ateo (2 Ts. 2:4; Ap. 13:6) y militarista. Tendrá éxito hasta que la ira de Dios ("hasta que sea consumada la ira", v. 36) sea derramada sobre él y todo el mundo pecador en los últimos días (Dn. 12:1; Ap. 6:19).

"Del amor de las mujeres" (v. 37) podría interpretarse "ese deseado por las mujeres", "el deseado por las mujeres", o incluso "el deseado para las mujeres". A veces la frase ha sido interpretada como una referencia a Cristo dado que las mujeres judías deseaban ser la madre del Mesías. El contexto de este versículo parece apoyar esta interpretación. A ambos lados de la frase hay declaraciones referentes al desprecio del anticristo por Dios y la religión. No sería sorprendente encontrar una referencia al rechazo del Mesías en este contexto. Más bien que adorar a Dios, el anticristo dará honor al poder militar ("al dios de las fortalezas", v. 38). El que el anticristo se meterá en guerras se afirma en los versículos 40–45; 7:8, 24; y en otros lugares de la Biblia (p. ej. Ap. 13:4; 16:13–16).

DESCRIPCION DE LAS GUERRAS DEL REY (11:40–45)

Se describe una gran batalla en los versículos 40–45, y se declara que el tiempo de este conflicto es el tiempo del fin, "al cabo del tiempo" (v. 40). Esta batalla concluirá con la destrucción del anticristo en Palestina (v. 45), seguida por la resurrección de los santos (12:2).

"El rey del sur" atacará al "rey del norte", que tomará represalias. "Carros y gente de a caballo y muchas naves" serían representativos de sus correspondientes armas modernas. Parece claro por la descripción del "rey del norte" que él es el anticristo, pero la identificación del "rey del sur" es cuestión de conjeturas. Puesto que "el sur" se refería anteriormente a Egipto, la referencia puede ser a una confederación de poderes dirigida por Egipto o que incluyera a Egipto.

El anticristo invadirá "las tierras" de aquellos que le habían atacado y pasará por ellas y las "inundará." Invadirá también Israel "la tierra gloriosa (v. 41; comp. 8:9; 11:16). "Muchas provincias caerán" ante su poderoso gobernante. Por alguna razón desconocida "Edom y Moab, y la mayoría de los hijos de Amón" (la moderna Jordania), se librarán de su furia, pero Egipto, Libia y Etiopía serán conquistados por él (vv. 42, 43).

Mientras somete a las regiones del sur (donde parece haberse originado el ataque contra él), el anticristo recibirá "noticias del oriente y del norte" que le "atemorizarán" (v. 44). Evidentemente oirá que se han lanzado nuevos ataques de naciones del este contra sus intereses (posiblemente los ejércitos descritos en Ap.

9:13–19; 16:12) y del norte (posiblemente la invasión procedente del norte profetizada en Ez. 38—39). Furioso porque alguien osara oponerse a su poder y autoridad el malvado dictador mandará sus fuerzas contra el enemigo con la intención de destruirlo.

El Anticristo alcanzará a estas fuerzas de ataque en Palestina y establecerá su cuartel general "entre los mares y el monte glorioso y santo" (v. 45). "Mares" denota las dos grandes masas de agua a cada lado de Israel, el mar Mediterráneo al oeste y el mar Muerto al este. El "monte glorioso y santo" es el monte Sion donde se levantaba el templo, interpretando el monte como "glorioso" y "santo". El anticristo utilizará el templo de Jerusalén como cuartel general (ver 2 Ts. 2:4; posiblemente Mt. 24:15), aunque el fragor de la batalla tendrá lugar en alguna otra parte Daniel informó de que la batalla final tendría lugar en Israel, un hecho presentado en otras partes de la Biblia (Ez. 39:2–29; Jl. 3:2–16; Zac. 12:2–9; 14:1–21). El libro de Apocalipsis indica más específicamente que el valle de Meguido será el escenario del conflicto final: la batalla de Armagedón (Ap. 16:16)

Ahora se explica la gran liberación de los santos a que se refiere 12:1. El anticristo, el gran perseguidor del pueblo de Dios, "llegará a su fin, y no tendrá quien le ayude". Finalmente, la carrera del hombre más malvado de la historia terminará. Daniel reveló anteriormente en el libro que "el cuerno pequeño" será juzgado cuando el Señor venga a establecer su reino (7:11, 26, 27; comp. 2 Ts. 2:8; Ap. 19:20).

DANIEL 12

"El libro"

El "libro" (12:1) es una figura bíblica común y alude al "libro de la vida" en el que están escritos los nombres de todos los santos (ver Ex. 32:33; Sal. 69:28; Mal. 3:16; Lc. 10:20; Ap. 3:5; 20:12). Evidentemente este símbolo viene de la práctica de mantener un registro de los ciudadanos de una población. Aquellos cuyos nombres se incluían en la lista gozaban de las bendiciones de ser miembros de la comunidad, mientras que eran borrados los nombres de aquellos que eran excluidos de la comunidad.

El triunfo final y la recompensa del pueblo de Dios (12:1–3)

No obstante la división en capítulos que tenemos tanto en las Biblias españolas como en la hebreas, la visión final de Daniel continúa sin interrupción desde 11:45 hasta 12:3. Los versículos finales de Dn. 11 describen la carrera militar y política del anticristo, mientras su política interna de opresión y persecución sin paralelo del pueblo de Dios se presenta en 12:1. El versículo 1 narra la liberación final de los santos, seguida en los versículos 2, 3 por un relato de su condición gloriosa en el reino mesiánico.

"En aquel tiempo" (12:1) alude al período descrito en 11:36–45, el reinado de terror del anticristo "al cabo del tiempo" (11:40). Dios ha asignado a Miguel para proteger al pueblo de Daniel (ver Ap. 12:7–9. La ayuda de Miguel será necesaria porque Israel pasará por un tiempo de "gran tribulación" (Mt. 24:21) diferente a todo lo que se haya conocido nunca en el mundo. Aun así el remanente judío (y todas las demás personas) que confía en el Señor será "libertado" de la opresión del anticristo.

Una de las verdades más benditas de la Biblia —la resurrección— se presenta en el versículo 2. Después del "tiempo de angustia" descrito en los versículos anteriores, "muchos" resucitarán del polvo de la tierra. "Duermen" es una figura de lenguaje usada frecuentemente en la Biblia para designar la muerte física (ver Jn. 11:11–14; Hch. 7:60; 1 Ts. 4:13; 1 Co. 15:51) y debe hacerse énfasis en que este "duermen"se refiere *solamente* a la muerte física. Cuando el espíritu del creyente abandona el cuerpo, va directamente a la presencia del Señor (ver 2 Co. 5:8; Fil. 1:21–23). Daniel 12:2 no da ningún apoyo a las teorías de algunos grupos de que las personas que mueren son aniquiladas o experimentan un "sueño del alma".

Aunque el espíritu del creyente no duerme, el cuerpo es puesto en una tumba ("el polvo de la tierra" ver Gn. 3:19) y permanece inactivo (duerme) hasta que el Señor le levante, le glorifique y le reúna con el espíritu (1 Co. 15:51–55). Los muertos no creyentes también serán resucitados y pasarán la eternidad en forma corporal, según este versículo (ver Mt. 10:28). La resurrección del cuerpo es comparada aquí con el andar de un sonámbulo.

En el versículo 2 (ver Jn. 5:28, 29) se presentan dos grupos de personas resucitadas con futuros drásticamente diferentes y el destino de ambos grupos es eterno. Los creyentes resucitarán para gozar de "vida eterna" en sus nuevos cuerpos y reinarán con Cristo (Ap. 20:4–6). Aquí la frase "vida eterna", aparece por primera vez en el Antiguo Testamento. Daniel cuenta que habrá "muchos" creyentes resucitados, aunque esto no significa necesariamente que será una mayoría del género humano (Mt. 7:13, 14). Por otra parte, los no creyentes se enfrentarán a "vergüenza y confusión perpetua." Los perdidos estarán avergonzados y en desgracia cuando estén ante el Señor y se den cuenta de la gravedad de su pecado.

Se considera generalmente que Daniel 12:2 contiene la referencia más explícita del Antiguo Testamento a la resurrección del individuo, pero otros pasajes del Antiguo Testamento enseñan también esta doctrina (ver Job 19:26; Sal. 17:15; Is. 26:19). Apocalipsis 20:4–6 parece indicar

"Confusión"

La palabra hebrea traducida "confusión" se refiere a "un objeto de aversión" o "aborrecimiento". En Isaías 66:24 es la única otra ocasión en que aparece esta palabra en el Antiguo Testamento, se refiere también al estado eterno: "Y saldrán, y verán los cadáveres de los hombres que se rebelaron contra mí; porque su gusano nunca morirá, ni su fuego se apagará, y serán abominables a todo hombre." El uso que hace Isaías del término abominable parece explicar el significado de la expresión en Daniel 12:2. Tan impresionante será el destino de los perdidos que quienes les miren volverán la cara con horror (o disgusto). Esta "confusión" será "perpetua": durará por toda la eternidad.

Daniel 12:3 en el Nuevo Testamento

Cristo, evidentemente con Daniel 12:3 en mente, declaró que al final de los tiempos, "los justos resplandecerán como el sol en el reino de su Padre" (Mt. 13:43). Pablo parece haber usado fraseología de este pasaje en Filipenses 2:15.

que la resurrección de los santos después del período de tribulación (el grupo descrito aquí) y la resurrección de los perdidos estará separada por mil años. Como en el caso de otras profecías del Antiguo Testamento (ver Zac. 9:9, 10), acontecimientos futuros separados por muchos años se presentan a veces juntos con una revelación adicional que aclara la diferencia de tiempo.

La résurreccion

En este pasaje se presentan varias verdades referentes a la resurrección. Primera, es una resurrección corporal. El cuerpo es sacado de la tumba y se le da nueva vida. Segunda, este nuevo cuerpo es inmortal. Tercera, incluso los no creyentes pasarán la eternidad en forma corporal. Cuarta, los santos resucitados reciben gran honor y gran recompensa, mientras a los no creyentes les ocurre lo contrario.

En la era mesiánica los creyentes ("entendidos") serán grandemente honrados ("resplandecerán como el resplandor del firmamento ... como las estrellas", v. 3; comp. 8:10).

Un rey malvado llegará al poder al final de los tiempos, hará grandes guerras y perseguirá a los santos. Pero el Señor le juzgará y libertará a su pueblo. La santos serán resucitados y tomarán parte en un mundo nuevo maravilloso donde recibirán honores.

PREGUNTAS PARA GUIAR SU ESTUDIO

1. ¿Cuál es el propósito de la previsión histórica de 11:2–20?
2. ¿Quién es el individuo de 11:21–35?
3. ¿Quién es el rey de 11:36–45? Describa su carácter y su carrera.

4. ¿Qué enseña 12:2 respecto a la resurrección de los muertos?
5. ¿Cómo será la era mesiánica para los santos?

4. Instrucciones finales a Daniel (12:4–13)

Con 12:3 finaliza la visión propiamente dicha. Lo que queda del libro contiene una amonestación para preservar la profecía, información respecto a la duración de la fase final de la historia y varias notas personales y promesas a Daniel.

(1) Instrucciones para preservar el mensaje (12:4)

Gabriel dio instrucciones a Daniel para preservar ("sella"; comp. 8:26) el libro, no sólo esta visión final, sino todo el libro para quienes vivan en "el tiempo del fin". Esta generación futura soportará los horrores del "tiempo de angustia" (comp. 12:1) y necesitará las promesas preciosas contenidas en el libro de Daniel: que Dios saldrá victorioso sobre los reinos de este mundo y que el sufrimiento durará sólo un tiempo breve.

La frase "correrán de aquí para allá" no indica un aumento de los viajes hacia el fin de los tiempos. En varios pasajes (ver 2 Cr. 16:9; Jer. 5:1; Am. 8:12; Zac. 4:10), la palabra hebrea denota ir "de aquí para allá" en busca de una persona o cosa. El propósito de esta búsqueda será aumentar el conocimiento, "la ciencia se aumentará". Aun así Gabriel no estaba prediciendo un simple auge de la "ciencia" en los últimos días. Se intentaba una clase particular de conocimiento: cuándo y cómo se cumpliría el mensaje de Daniel. Al acercarse el tiempo de cumplimiento, los sabios tratarán de entender esta profecía con mayor precisión y Dios les otorgará el entendimiento ("ciencia").

Sellar el libro

En el antiguo Cercano Oriente, la costumbre era "sellar" (12:4) un documento importante imprimiendo sobre él las marcas identificadoras de las partes involucradas y del escriba que lo registraba. El documento se hacía por duplicado y era colocado ("cierra") en un lugar seguro donde pudiera ser conservado. Había también una copia sin sellar que estaba presuntamente abierta para inspección. Una excelente ilustración de este proceso se registra en el libro de Jeremías (Jer. 32:9–12).

Duración del "tiempo de angustia" (12:5–7)

Daniel 12:5–13 sirve de conclusión a todo el libro tanto como a los capítulos 10–12. Dos ángeles adicionales en pie cada uno a una orilla del río Tigris (ver Dn. 10:4), aparecieron súbitamente ante Daniel (v. 5).

En este punto de la narración se presenta de nuevo el "varón vestido de lino" (Cristo; comp. 10:5, 6). Se le describe como flotando en el aire "sobre las aguas del río". La pregunta de Gabriel al "varón vestido de lino" no es, ¿cuánto pasará hasta que tengan lugar estas cosas? sino, ¿cuánto durarán cuando empiecen? Tal interpretación es confirmada por la contestación en el versículo siguiente. En 8:13 el significado exacto de la frase "hasta cuándo" se usaba también para describir la duración de una crisis predicha. "Estas maravillas" ocurrirán durante este período: La carrera malvada del anticristo, la gran guerra y el "tiempo de angustia."

EL "varón vestido de lino" respondió a la pregunta del ángel levantando ambas manos al cielo y jurando por la autoridad del mismo Dios que este período duraría "por tiempo, tiempos, y la mitad de un tiempo". Levantar la mano en un juramento era la práctica habitual (ver Gn. 14:22; Dt. 32:40; Ap. 10:5, 6), pero levantar ambas manos y jurar guardar un juramento en el nombre del Dios eterno ofrecía la seguridad más grande posible de que las palabras pronunciadas son verdad.

La frase "tiempo, tiempos y la mitad de un tiempo", es la duración del período (ver Dn. 7:25; también 4:16, 25, 32). Como en 7:25, la tribulación durará tres años y medio, el tiempo que corresponde a la segunda mitad de los "sietes" mencionada en 9:27. Así, la soberanía del Señor

Cristo en el libro de Daniel

Reino de Cristo	2:34, 35, 44, 45
Cuarto hombre en el horno	3:25, 28
Protector de Daniel de los leones	6:22
Hijo de Hombre	7:13, 14, 27
Uno con apariencia de hombre	8:15–17
El Mesías Príncipe	9:25, 26
Varón vestido de lino	10:4–6; 12:6, 7

del universo promete directa y enfáticamente que los horrores del anticristo (el "tiempo de angustia" de 12:1) que afectará al pueblo de Dios y a todo el mundo durará sólo un tiempo breve. Los santos de la tribulación pueden contar con la autenticidad de esta promesa.

Durante este tiempo Israel será derrotado por sus enemigos ("dispersión del poder"). El que el estado judío será atacado por muchas naciones y aplastado por ellas se enseña en otros lugares de la Biblia (ver Zac. 12–14). Cuando esté en situación desesperada, el pueblo judío clamará a Dios pidiendo ayuda, se arrepentirá de sus pecados, y recibirá a Jesús como su Mesías (ver Zac. 12:10–14). En ese tiempo el Señor volverá a gobernar la tierra, y la tribulación terminará (Zac. 14:3–11).

(3) La pregunta de Daniel y su respuesta (12:8–13)

Daniel deseaba saber: "¿cuál será el fin de estas cosas?" (v. 8). "Estas" incluye todos los acontecimientos del tiempo del fin que el ángel había revelado a Daniel en esta visión: las actividades del anticristo, la tribulación, tanto como la persecución y liberación de Israel. La pregunta relativa al "fin de estas cosas" puede significar: ¿Qué ocurrirá al final de esas cosas? o, posiblemente, ¿cómo terminarán estas cosas?

Propósito de las pruebas

Aunque serán intensificadas en los últimos días, los creyentes han pasado por pruebas a través de la historia de la iglesia. Las aflicciones han tendido a hacer más santos a los creyentes (12:10).

Gabriel (o "el varón vestido de lino") respondió con delicadeza: "Anda, Daniel" (v. 9). Esto no era una reprimenda (información adicional la tenemos en los vv. 11, 12), sino una indicación para que el profeta siguiera con su vida sin preocuparse por esta falta de conocimiento, porque la visión estaba relacionada con el futuro lejano. Aun así, a Daniel se le garantizó que estas profecías serían preservadas ("estas palabras están cerradas y selladas", comp. v. 4) para aquellos que las necesitarán en "el tiempo del fin". Entonces el conocimiento será dado a los ("entendidos") santos (comp. v. 4). Al aproximarse el fin, el mensaje de Daniel (y otras profecías de los últimos días) se harán más y más claras para los creyentes.

El tiempo en que "muchos serán limpios, y emblanquecidos y purificados" es el "tiempo de angustia" (tribulación) en los últimos días. Aunque los santos serán purificados, "los impíos procederán impíamente". El hecho de que muchas personas que pasarán por los horrores de la tribulación se negarán a arrepentirse se repite varias veces en el libro de Apocalipsis (9:20, 21; 16:9, 11). Ni siquiera el caos y las calamidades de los últimos días llevarán a algunas personas a reconocer ("entender") su necesidad de Dios.

El "tiempo de angustia" empezará cuando el Anticristo suprima la adoración (ver Dn. 9:27) y establezca "la abominación asoladora" (v. 11; comp. Mt. 24:15). La naturaleza exacta de la "abominación" del Anticristo no está clara, pero es evidentemente un objeto idolátrico (ver Dn. 11:31). Su presencia en el templo hará que los creyentes dejen de adorar allí y así dejarán desolado el templo, es decir, vacío de adoradores.

"Por tanto, cuando veáis en el lugar santo la abominación desoladora de que habló el profeta Daniel (el que lee, entienda), entonces los que estén en Judea huyan a los montes."

Mateo 24:15, 16

En 12:6, 7 Daniel reveló que la gran tribulación duraría tres años y medio (aproximadamente 1.260 días en números redondos, contando treinta días por mes). El texto declara que pasarán 1.260 días desde el tiempo en que el anticristo empiece su persecución hasta un acontecimiento sin especificar treinta días después de que termine la tribulación. Lo más probable es que los días extra sean el tiempo en que serán juzgadas las naciones por el Señor inmediatamente después de su regreso (ver Mt. 25:31–46). Entonces fue pronunciada una bendición especial sobre aquellos que alcancen el fin de los 1.335 días (v. 12). Cuarenta y cinco días fueron añadidos como un apéndice a los 1.290 días. El dogmatismo no es adecuado, pero se ha sugerido de forma razonable que esta fecha corresponde a la inauguración oficial del reinado de Cristo.

Dios había revelado muchas verdades maravillosas a Daniel a través de los años, pero el versículo 13 implica que no se le darían más revelaciones. El profeta era entonces un hombre muy mayor, y se le dijo que dejara de estar angustiado respecto a estas cuestiones y se sintiera satisfecho con lo que se le había dicho para mientras viviera ("tú irás hasta el fin"). Daniel moriría (probablemente poco después de esta visión) y "reposarás" de los trabajos de esta vida, pero "al fin de los días" resucitaría (ver Dn. 12:2) "para recibir" su recompensa. Estas preciosas promesas de resurrección y recompensa no están limitadas a Daniel, sino que pertenecen a todos los "entendidos" (sabios) que han puesto su fe en el Mesías, el Señor Jesús, y un día "resplandecerán como el resplandor del firmamento" y "como las estrellas a perpetua eternidad".

La profecía de Daniel concluyó con una nota muy positiva. El mensaje de Dios a Daniel será preservado como consuelo para los santos del futuro. Vendrá un tiempo difícil, pero su duración será breve. Entonces empezará un período bendito en la historia. Daniel (y otros santos) resucitarán y tomarán parte en esta edad maravillosa.

PREGUNTAS PARA GUIAR SU ESTUDIO

1. ¿Qué significa "cierra las palabras y sella el libro"?
2. ¿Qué clase de "ciencia" (conocimiento) indica Daniel que buscarán las gentes en los últimos días?
3. ¿Cuál es la duración del "tiempo de angustia" (tribulación)? ¿Cómo subrayó "el varón vestido de lino" la certeza de su declaración?
4. ¿Qué promesa hizo Dios a Daniel en el último versículo de la profecía?

NOTAS PASTORALES

NOTAS PASTORALES

NOTAS PASTORALES

NOTAS PASTORALES

NOTAS PASTORALES

NOTAS PASTORALES